JEANNE D'ARC

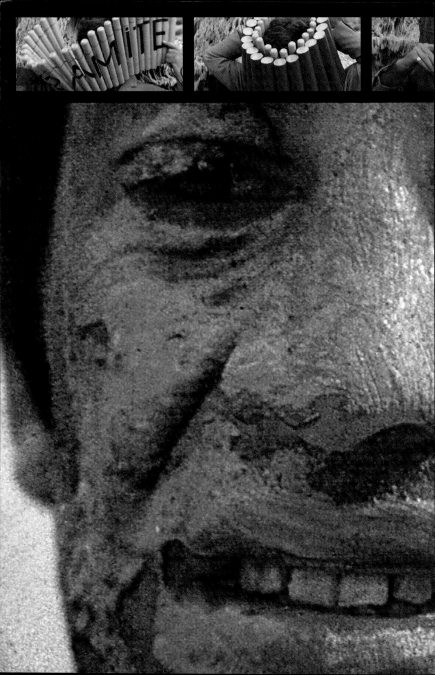

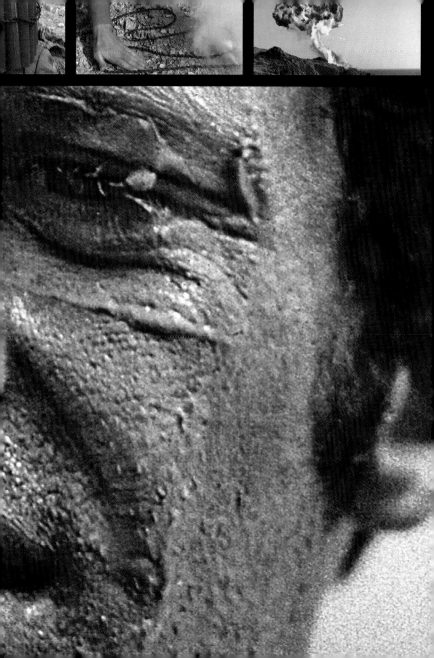

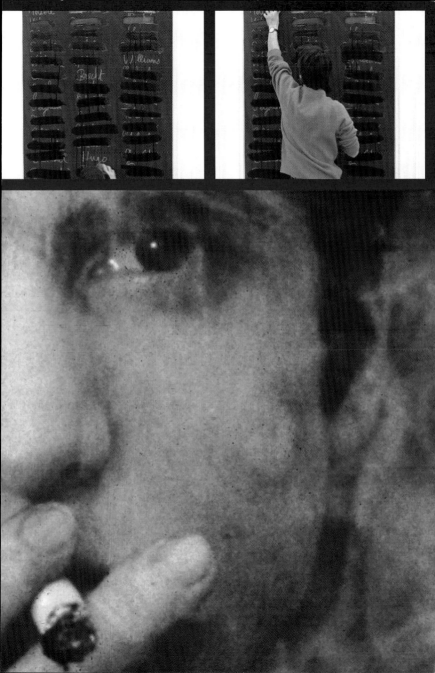

SOMMAIRE

GODARD
(LE CINÉMA)

François Nemer

DÉCOUVERTES GALLIMARD
ARTS

« Je suis le plus connu des gens oubliés. J'ai toujours voulu les deux à la fois, me faire connaître et me faire oublier. Et aussi faire tous les cinémas. Ce que j'aurais aimé, c'est que la personne soit strictement inconnue, et qu'il n'y ait que la chose faite qui affecte. »

Entretien avec Alain Bergala,
décembre 1997

CHAPITRE 1

GODARD AVANT GODARD
1930-1959

Godard découvre le cinéma comme un myope découvre en chaussant ses lunettes un autre monde, plus séduisant, plus lisible (à gauche, en 1960). Pour lui, comprendre le cinéma, c'est le vivre ; et le vivre, c'est déjà en faire... De la cinéphilie à la critique, de la critique à la réalisation, Godard reste Godard. Et avant ? (Ci-contre, les *Cahiers du cinéma*, nº 8, janvier 1952, où Godard fit ses « gammes » critiques.)

CAHIERS DU CINÉMA

Nº 8 • REVUE DU CINÉMA ET DU TÉLÉCINÉMA • JANVIER 1952

« J'existe plus en tant qu'image qu'en tant qu'être réel, puisque ma seule vie c'est d'en faire. » Il est peu de cinéastes dont la vie s'identifie autant avec l'art. Le cinéma est la seule vie, le seul souci de Jean-Luc Godard. Il pense et voit par le cinéma, pour le cinéma. On ne peut raconter Godard sans tenir compte de cette donnée première : son histoire se confond avec celle de ses films. Symétriquement, raconter les films suffit à comprendre la personne : on y trouve sa vision du monde, ses obsessions, son sens plastique et rythmique, ses idées, ses amours, bref, l'essentiel de lui-même. Le reste est littérature.

« Souvenirs. Ils ne sont intéressants que pour soi, jamais pour les autres. [...] Tout scénario et toute mise en scène ont toujours été construits par ou sur des souvenirs. Il faut changer ça. Partir dans l'affection et les bruits neufs. » Au souvenir, Godard préfère la réminiscence, c'est-à-dire la présence du passé dans le présent. Le passé révolu, celui dont témoignent les photos de famille, le concerne assez peu.

L'enfance d'un rebelle

En son temps Alain Bergala posait cette question : Godard a-t-il été petit ? À regret, le critique répondait : non. Car Godard reste étonnamment discret sur sa vie d'avant le cinéma. Depuis, la biographie fouillée de Colin MacCabe, et surtout une propension récente de Godard lui-même à revisiter son passé ont un peu changé la donne. Qu'est-il donc nécessaire et suffisant de savoir sur le jeune Godard ? Qu'il est né suisse et vaudois, francophone et protestant – il doit au moins au protestantisme une remarquable certitude de ses choix, envers et contre tous. Godard a vu le jour le 3 décembre 1930, dans le VIIe arrondissement de Paris. Sa mère, Odile, appartient à l'illustre famille franco-suisse des Monod, une tribu de pasteurs et de banquiers.

La maison d'Anthy, c'est la réminiscence, « c'est l'enfance, c'est la maison de mes grands-parents, dont l'aspect est dévasté... C'est la maison où j'ai fini par aller, le vrai lieu. C'est Le Grand Meaulnes, si vous voulez, ou Combourg pour Chateaubriand. » En 1996, Godard tourne *For ever Mozart*

(ci-dessus) dans les ruines de la maison abandonnée ; il en fait la villa où des Serbes enlèvent et tuent des acteurs français égarés, métaphore de l'innocence (l'enfance) européenne en ruines après la catastrophe yougoslave : la réminiscence parle de ce qui est, non de ce qui était.

Son père, Paul Godard, médecin généraliste, n'est pas tout à fait du même monde. Son enfance navigue entre Paris et la Suisse, d'une rive à l'autre du Léman, chez les Godard ou les Monod, entre le monde du père et celui de la mère, bientôt divorcés. Une enfance confortable et choyée, un peu impersonnelle : famille tentaculaire, enfants en troupe, discipline stricte, éducation par les femmes de la famille. Une culture bourgeoise, livres, théâtre, concerts, et beaucoup de sport de plein air, football, ski, tennis. Pas de cinéma, un art qui sent le soufre. L'adolescent supporte mal la désunion de ses parents, et s'oppose frontalement à son père. À seize ans, la famille l'installe donc à Paris, sous la protection et la surveillance des oncles et tantes du clan Monod. Éditions rares chipées dans la bibliothèque d'un parent et revendues à la librairie d'en face, petites sommes disparues d'un tiroir ou d'une poche, Godard devient alors voleur, et se fait régulièrement prendre.

Anthy, « le vrai lieu », est un corps de bâtiment massif entouré d'un terrain boisé descendant vers la rive sud du lac Léman, juste en face de Rolle, où Godard vit depuis la fin des années 1970. C'était le lieu de vacances des enfants et petits-enfants Monod. C'est là qu'ils ont été baptisés, là que les oncles pasteurs célébraient l'office du dimanche. La mère de Godard est enterrée dans le cimetière du bourg. Ci-dessus, le visage du jeune Godard (heureux ? douloureux ?), sur lequel l'artiste s'interroge en 1994, dans *JLG / JLG, Autoportrait de décembre*.

Paris des salles obscures

« Grillé » dans la famille parisienne, il revient
en Suisse achever ses études secondaires.
En 1949, Godard est de nouveau à Paris,
inscrit à la Sorbonne en anthropologie – rien
d'étonnant pour un membre de la famille de
Théodore Monod. Mais il n'assiste à aucun
cours, préférant étudier l'humanité dans
les salles obscures. Il y rencontre une faune
troglodyte qui lui ressemble et le fait se
sentir moins seul. Godard s'agrège donc à
la cinéphilie parisienne, à la faveur de
l'obscurité.

Ses vols financent maintenant les séances
de cinéma, et plus tard les premiers courts
métrages de ses nouveaux amis, Truffaut,
Rivette. Amitiés faites de discussions
passionnées, de traversées de Paris à pied après
une séance tardive, sans un sou pour payer le métro,
discutant de tel film, de tel plan – ainsi le scénario
d'*À bout de souffle*, esquissé par Truffaut et Godard
sur le quai du métro Richelieu-Drouot. Sa
géographie parisienne se confond avec la carte des
ciné-clubs de la capitale. Le Ciné-club du quartier
latin, c'est Maurice Schérer, qui signera ses films du
nom d'Éric Rohmer, honorable professeur de lettres
qui ne dédaigne pas de partager sa passion du
cinéma avec de jeunes « délinquants » comme
Godard ou Truffaut – ils mangent parfois sur son
salaire. Il y a aussi la salle de la Cinémathèque de
la rue de Messine, qu'Henri Langlois vient d'ouvrir,
occasion unique de découvrir l'histoire du cinéma
dans son entier. « Où dormiez-vous, à l'époque ?
– nulle part. »

Dès 1950, entraînés par Rohmer, les jeunes
cinéphiles passent à la critique, dans la modeste
Gazette du Cinéma, puis, quelques mois plus tard,
aux *Cahiers du cinéma*. Truffaut, en particulier,
trouve une veine polémique particulièrement
acérée : contre le ronronnant « cinéma français
de qualité », pour le cinéma américain, pour
la politique des auteurs, il multiplie les articles

Premier article
d'importance de
Godard, « Pour un
cinéma politique » est
à la une du n° 3 de la
Gazette du cinéma
(ci-dessus), juste à côté
d'un article de Sartre,
« Le cinéma n'est pas
une mauvaise école ».
Précisément, Godard
quitte ici l'école et
s'affirme d'emblée
en penseur du cinéma,
doté d'une esthétique
complète, cohérente,
complexe. Le thème
de l'article y est déjà
pleinement godardien :
la présence et la
puissance de l'image,
qui n'est pas seulement
une représentation de
la réalité, mais aussi
une part de cette
réalité. (Page de droite,
Godard, pilier de la
Cinémathèque, et
programme de celle-ci
du 26 au 30 octobre
1954.)

incendiaires et fédère les énergies de ceux qu'on appellera « les jeunes-turcs », les futurs créateurs de la Nouvelle Vague. Godard est de la bande, certes; mais il reste distant, prudent, solitaire, rétif aux chapelles et aux influences. Il ne cherche pas seulement à se positionner dans le monde, mais aussi et surtout à se forger une esthétique. Ses premiers articles sont à l'avenant : une écriture serrée, littéraire, allusive et pétrie de références, une ambition théorique affirmée d'emblée.

Godard, opus 1

Le cinéma est maintenant sa famille d'élection, qu'il finit par traiter comme sa propre famille : un vol malheureux dans la caisse des *Cahiers* le rend temporairement *persona non grata*, et le conduit à se replier en Suisse. Sa famille l'ignore, mais lui trouve du travail : à la télévision de Zurich puis, après un vol, quelques jours de prison et quelques mois en institution psychiatrique, au chantier du barrage de la Grande Dixence, comme téléphoniste. Là, en 1955, Godard produit son opus 1, aussi peu godardien que possible en apparence : *Opération*

Dans les années 1950, les critiques des *Cahiers du cinéma*, Rivette et Rohmer en tête, passent à la réalisation de courts métrages. Tous sauf Godard : « Je préférais regarder, ou collaborer. Mais je n'avais pas envie de faire un film moi-même. J'avais quelques idées, mais elles étaient complètement folles. » Pourtant, il pense déjà en cinéaste : « Pour moi, écrire, c'était juste un prétexte pour me demander ce que je pensais personnellement du contrechamp et ce que j'avais envie d'en dire. » C'est donc en Suisse, loin de l'émulation parisienne, que Godard ira faire ses gammes.

LA CINEMATHEQUE FRANCAISE
-:-
MUSEE du CINEMA

Présente à l'INSTITUT PEDAGOGIQUE NATIONAL - 29 rue d'Ulm   PARIS V°

Lundi 26 Octobre:
        18 h 30 - LES FILMS DE LA PLEIADE
                  LE COUP DU BERGER,Rive
                  LE CHANT DU STYRENE, A

        20 h 30 - SUBIDA AL CIELO (La M   Alia
                  Prado,Carmelita-Gonza

        22 h 30 - TIGRIS de Denizev 19
                  ASSUNTA SPINA de Sere

Mardi 27 Octobre:
        18 h 30 - THE RIVER de Lore Par
                      THE LAND de

        20 h 30 - BOUDU SAUVE DES EAUX
                  Lesczinska,Marcelle

        22 h 30 - TERRE D'ESPAGNE de Jo

Jeudi 29 Octobre:
        18 h 30 - LES NIEBELUNGEN I (La
                  Paul Richter,Hans-Ada

        20 h 30 - LES VACANCES DE MONSIEUR HULOT de Jacques Tati 1951 avec J.Tati,Louis
                  Perrault,André Dubois,L.Frégis,R.Lacourt,R.Carl,N.Pascaud   (France)

        22 h 30 - TARTUFFE de Murnau 1925 avec Emil Jannings,Lil Dagover (Allemagne)

béton, court métrage documentaire de ton héroïque sur le génie suisse domptant la nature. Les débuts professionnels de Godard sont donc placés sous le signe du documentaire. De retour à Paris l'année suivante, Godard collabore régulièrement aux *Cahiers*, défendant les cinéastes sous-estimés et méconnus, louant Mizoguchi, Bergman et Hitchcock, et plus particulièrement Nicholas Ray et Jean Rouch.

Contre Bazin (tout contre)

L'influence d'André Bazin, malade au moment où Godard rejoint les *Cahiers*, est au cœur de son esthétique. Selon Bazin, depuis les momies égyptiennes jusqu'à la photo et au cinéma, le désir de capter le réel est un des aspects de la lutte de l'homme contre la mort. Ainsi le matériau premier avec lequel le cinéaste travaille est la réalité filmée. Il n'existe aucune différence entre documentaire et fiction. Une fiction est aussi une part de réalité : ce sont des acteurs disant un texte. Le cinéma, parce qu'il est un procédé d'enregistrement mécanique, permet de révéler la réalité ontologique du monde en dehors de tout regard humain. C'est une « fenêtre ouverte sur le monde ». Ainsi le rôle du cinéaste serait de « restituer à l'objet et au décor

« Si le cinéma n'existait plus, Nicholas Ray, lui seul, donne l'impression de pouvoir le réinventer, et qui plus est, de le vouloir » – phrase qui s'applique aisément à Godard lui-même… À propos d'*Amère Victoire*, Godard écrit : « On ne s'intéresse plus aux objets, mais à ce qu'il y a entre les objets, et qui devient à son tour objet […]. Il ne s'agit plus de réalité ni de fiction, ni de l'une qui dépasse l'autre. Il s'agit de bien autre chose. De quoi ? Des étoiles, peut-être, et des hommes qui aiment regarder les étoiles et rêver. […] *Amère Victoire* n'est pas le reflet de la vie, il est la vie même faite en film, vue de derrière le miroir où le cinéma la capte. » Et de conclure : « Il y avait le théâtre (Griffith), la poésie (Murnau), la peinture (Griffith), la danse (Eisenstein), la musique (Renoir). Mais il y a désormais le cinéma. Et le cinéma, c'est Nicholas Ray. » Tel est peut-être le cinéma de Ray ; tel est surtout, très clairement, le cinéma que Godard veut faire – tout comme cette correspondance poétique et rimbaldienne entre les arts est un des fils rouges de son œuvre. (Ci-contre, le générique de *La Fureur de vivre* de Ray – en anglais « *Rebelle sans cause* ».)

sa densité d'être » et à notre vision son « innocence », en s'interposant le moins possible entre le spectateur et « la splendeur du réel ».

D'emblée, Godard se situe en s'opposant. Dès ses premiers articles, « Défense et illustration du découpage classique », ou « Montage mon beau souci », il attaque la conception limitative qu'a Bazin du montage. Car pour Godard le cinéma rend compte du rapport toujours mouvant de l'homme au réel, et non (seulement) de la réalité elle-même. Pour Godard comme pour Bazin, la force d'un film réside en sa capacité à capturer le réel. Mais cette force provient toujours pour Godard d'un point de vue particulier, obtenu par le positionnement de la caméra ou par le montage. Le cinéaste articule le réel, il lui rend son rythme et sa vie propre : ce n'est pas une captation, mais un rendu. « Le montage est avant tout le fin mot de la mise en scène. On ne sépare pas l'un de l'autre sans danger. Autant vouloir séparer le rythme de la mélodie. [...] Si mettre en scène est un regard, monter est un

Le cinéma de Rouch, qui achève en 1959 *Moi, un Noir* (ci-dessous), fascine Godard : une fiction proche du documentaire, une mise en scène qui traque le réel sans le dénaturer. « Car enfin, il n'y a pas de demi-mesures. [...] Ou bien

L'AFRIQUE VOUS PARLE
E LA FIN ET DES MOYENS

on met en scène, ou bien on fait du reportage. On opte à fond, ou pour l'art, ou pour le hasard. [...] Et qui opte à fond pour l'un trouve nécessairement l'autre au bout du chemin. » Godard sera qualifié avec *À bout de souffle* de « Jean Rouch de la France contemporaine ».

battement de cœur. » L'utopie de Bazin était une mystique du réel. Celle de Godard est la fusion de la représentation et de la réalité, où chaque cinéaste doit réinventer pour son compte un rapport correct entre la caméra et le réel qui se présente devant lui. Problème auquel Godard consacrera sa vie.

Apprentissage en trois « courts »

Entre-temps, Godard fait ses gammes
de cinéaste. Attaché de presse de la
Fox grâce à l'entremise de Chabrol,
il découvre de l'intérieur l'art et
la manière hollywoodiens de lancer
un film, les mœurs d'une *major*
américaine, et le monde des médias,
qu'il apprendra à gérer en virtuose.
Le producteur Pierre Braunberger
lui fait monter des films de voyage,
auxquels il applique les règles de la
grammaire hollywoodienne classique
(« S'il y avait quelqu'un qui regardait à
droite, je cherchais l'image d'un autre
qui puisse croiser ce regard »).

Enfin, pendant l'été 1957, c'est
Braunberger qui prête à Godard la
caméra et le matériel pour tourner
son premier 35 mm de fiction :
*Charlotte et Véronique ou Tous les
garçons s'appellent Patrick*. Le script
est de Rohmer, l'histoire très
rohmerienne, très symétrique : deux filles se font
courtiser par le même garçon, et découvrent le pot
aux roses. Le film est sympathique et léger, godardien
déjà par certains cadrages acrobatiques, un sens
graphique aiguisé, et la profusion des médias présents
à l'image, livres, revues, affiches, tableaux, cartes
postales, journaux, tout un univers de représentations.

Six mois plus tard, Godard se lance dans un autre
exercice imposé : *Une histoire d'eau*. Braunberger
ayant demandé à Truffaut de tourner le court métrage
de son choix, ce dernier pense profiter des crues
exceptionnelles qu'a connues cette année la région
parisienne, comme cadre d'une rencontre amoureuse.
Obnubilé par son premier long métrage, *Les Quatre
Cents Coups*, Truffaut passe bientôt la main, et Godard
entreprend d'unifier ces prises disparates. Typiquement,
il décide de faire de cette absence de sujet le sujet
même du film. Le monologue de l'héroïne digresse sans
cesse, et la digression devient la métaphore du film,

Ci-dessus, marivaudage
rohmerien dans *Tous
les garçons s'appellent
Patrick*, où seuls
quelques cadrages
aventureux signalent le
futur Godard. La chose
est plus nette dans
Une histoire d'eau,
où Godard explore
les ressources
cinématographiques
d'une métaphore filée :
les divagations du
couple sont comme
l'eau, qui coule où
elle veut. Bien d'autres
amants godardiens
erreront ainsi dans
la nature et se
confronteront à
l'élément liquide,
un motif essentiel
de son cinéma.

un discours vaguant, une parole en liberté qui s'écoule où elle veut, hors des routes et des chemins.

Quelques mois plus tard encore, et Godard aborde son troisième court métrage, produit par Braunberger encore une fois, le premier à être conçu et réalisé entièrement par lui. Dans *Charlotte et son Jules*, Charlotte revient dans la chambre d'hôtel de son « jules », qu'elle vient de quitter ; ce dernier, croyant qu'elle vient faire amende honorable, se lance alors dans un monologue de vingt minutes d'une âcre misogynie, avant que Charlotte ne lui annonce qu'elle revenait seulement chercher sa brosse à dents.

Dédié à Cocteau (avec un générique écrit à la main, hommage direct aux génériques coctaliens), le film est un renversement du *Bel Indifférent*, monodrame écrit pour Édith Piaf, qui était lui-même une reprise de *La Voix humaine* dans le registre du théâtre de boulevard. Pour le rôle du « jules », Godard choisit Jean-Paul Belmondo, un jeune acteur qu'il a repéré dans un film de Marc Allégret, *Un drôle de dimanche*, qu'il a par ailleurs descendu en flammes : « C'est le Michel Simon et le Jules Berry de demain. Encore faudrait-il utiliser ce génial acteur autrement et ailleurs », écrit-il dans les *Cahiers*. Godard s'y emploiera, et plutôt deux fois qu'une.

Chaque fin d'après-midi, la bande des *Cahiers* se retrouve dans les bureaux des Champs-Élysées (ci-dessous, Godard et Chabrol). Les films y sont débattus et « passés au gueuloir ». Les articles sont écrits dans la foulée. Rohmer se souvient : « Ces années ont été, non pas malheureuses, mais assez grises. À qui nous demandait : "mais de quoi vivez-vous ?", nous aimions répondre : "nous ne vivons pas". La vie, c'était l'écran, c'était le cinéma, c'était la discussion sur le cinéma, c'était l'écriture sur le cinéma. » Au yeux de Brialy (à gauche dans *Tous les garçons...* et *Histoire d'eau*), « c'était comme un groupe clandestin qui prépare une révolution ».

« **M**ieux vaut pour l'instant, plutôt que réponses et questions, fleuves de sentiments qui se perdent dans la mer des réflexions ou vice versa instantanément, mieux vaut enchaîner, enchaîner, enchaîner, à perdre haleine [...]. »

Godard, « Pierrot mon ami »,
Cahiers du cinéma, n° 171, octobre 1965

CHAPITRE 2

VAGUE NOUVELLE
1960-1965

« Après tout, j'suis con. Après tout, si, il faut. IL FAUT ! » Ces premiers mots de Belmondo dans *À bout de souffle*, soufflés par Godard le jour du tournage, sonnent comme un commandement. À près de trente ans, il lui faut se jeter à l'eau, quand ses cadets, Truffaut, Chabrol, ont déjà passé le cap du long métrage. (Page de gauche, Godard et Belmondo tournant *Pierrot le fou*.)

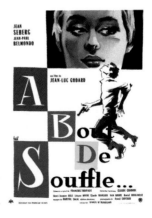

Il lui faudra plus d'un film pour boucler ce
programme. Fonçant droit devant soi, enchaînant
jusqu'à deux tournages par an, sans compter les
courts métrages, Godard, en près de cinq ans et dix
films, aura tout abordé : le polar (*À bout de souffle*,
Pierrot le fou, *Alphaville*), l'espionnage (*Le Petit
Soldat*, *Alphaville*), le mélodrame (*Vivre sa vie*),
la comédie musicale (*Une femme est une femme*),
l'adaptation littéraire (*Le Mépris*), la satire politique
(*Les Carabiniers*), la science-fiction (*Alphaville*),
le réalisme poétique (*Bande à part*), le documentaire
(partout)… Chaque nouveau film semble alors faire
table rase du précédent, sur le plan de son sujet,
ou de sa tonalité : au comique succède le tragique
(*Une femme est une femme / Vivre sa vie*),
à l'individuel le politique (*À bout de souffle /
Le Petit Soldat*), au glamour de Cinecittà la banlieue
parisienne (*Le Mépris / Bande à part*). Dispersion ?
Non : inventaire des possibles.

Avec la palme que remporte Truffaut au
Festival de Cannes 1959, après dix
années de luttes, de polémiques, et
maints courts métrages produits
de bric et de broc, argent
familial pour Chabrol et
Truffaut, petites économies
pour Godard, bouts de
ficelles pour Rohmer et
Rivette, la cour des grands
s'ouvre enfin pour
les « jeunes-turcs ».
Les Quatre Cents Coups :
450 000 spectateurs.
Les Cousins de Chabrol :
316 000. Ces jeunes gens décidés
à filmer coûte que coûte et
pour pas cher, à filmer ce
qu'ils voient là où ils sont,
attirent maintenant les
producteurs. La « Nouvelle
Vague » – ainsi baptisée par
Françoise Giroud dans *L'Express*
– semble irrésistible.

À bout de souffle, making of

Ci-contre, les cinéastes de la Nouvelle Vague à Cannes (Truffaut est à gauche au 1er rang, Chabrol derrière lui au dernier rang, Godard est le 3e sur sa gauche); page de gauche, Belmondo, Godard et Beauregard.

❝Ce que je voulais [dans *A bout de souffle*], c'était partir d'une histoire conventionnelle et refaire, mais différemment, tout le cinéma qui avait déjà été fait. Je voulais rendre aussi l'impression qu'on vient de trouver ou ressentir les procédés du cinéma pour la première fois.❞

Si, comparativement à ses amis, Godard en vient tard aux choses sérieuses, il arrive juste à temps. Le nom de Truffaut étant un sésame par les temps qui courent, un synopsis de quatre pages que les deux amis ont coécrit sur les bancs du métro Richelieu-Drouot suffit à convaincre le producteur Georges de Beauregard. Lui-même au bord de la faillite, Beauregard prend le risque de lancer un parfait inconnu, et parvient à rassembler 510 000 francs (un tiers environ du budget d'un film français « normal » de l'époque).

Après l'argent vient le casting. Godard a la chance de convaincre une authentique star hollywoodienne, Jean Seberg, sacrée un an plus tôt par les *Cahiers* « nouvelle divinité du cinéma » après les deux films qu'elle a tournés avec Otto

Godard est hautement conscient de sa position dans l'histoire du cinéma : à la fin d'une époque, entre l'effondrement d'Hollywood et l'avènement de la télévision. Comme il le dira parfois, le cinéma est son seul vrai sujet. Comme Beethoven dans son domaine, à la charnière de deux époques, Godard ramasse la mise et relance les dés d'un même geste. En exergue de son dernier quatuor – souvent cité par Godard –, le compositeur a écrit : « *Muss es sein ! Es muss sein* » (« Le faut-il ? Il le faut ! »). IL FAUT !

Seberg est commencé

Seberg a de quoi être affolée tant les méthodes de tournage de Godard tranchent sur les mœurs françaises et américaines : sans scénario écrit, soufflant les dialogues à la dernière seconde, Godard cherche à préserver la spontanéité de l'acteur, débarrassé de son « métier », de ses tics. En général, ce dernier n'apprécie guère cette redoutable épreuve de déstabilisation… (Ci-contre, Belmondo singeant Bogart dans *À bout de souffle*.)

Preminger, *Jeanne d'Arc* et *Bonjour Tristesse*. Avec Belmondo, à qui Godard a promis le premier rôle de son premier long métrage après *Charlotte et son Jules*, il tient non seulement sa seconde star, mais aussi son sujet : « *À bout de souffle* est une histoire, pas un sujet. Le sujet est quelque chose de simple et de vaste qu'on peut résumer en vingt secondes : la vengeance, le plaisir… L'histoire, on peut la résumer en vingt minutes. [...] Dans *À bout de souffle*, j'ai cherché le sujet pendant tout le tournage, finalement je me suis intéressé à Belmondo. Je l'ai vu comme une espèce de bloc qu'il fallait filmer pour savoir ce qu'il y avait derrière. »

L'essentiel du casting réglé, reste l'équipe. Décidé à filmer en équipe réduite (budget minimal oblige), hors des sacro-saintes normes syndicales de la profession, Godard parvient à imposer l'assistant de son choix, Pierre Rissient, mais non le cameraman qui a filmé ses trois premiers courts métrages, Michel Latouche. Décidé à limiter les risques de cette opération *a priori* insensée, Beauregard impose à Godard un professionnel solide et éprouvé (pour le moins) : Raoul Coutard.

Tourner vite, tourner léger

L'apparition de Coutard est une sorte de miracle. C'est exactement l'homme de la situation : un professionnel de haut niveau, aguerri, un indépendant, un homme de terrain, formé au

"J'aime bien être surpris. Si l'on sait d'avance tout ce qu'on va faire, ce n'est plus la peine de le faire [...]. Faire un film, c'est superposer trois opérations : penser, tourner, monter. Tout ne peut pas être dans le scénario, ou si tout y est, si déjà les gens pleurent ou rient en le lisant, il n'y a qu'à le faire imprimer et le vendre en librairie. L'avantage, pour moi, c'est qu'il n'y a jamais chez moi de scénario qui dorme ou qui traîne. L'ennui, c'est qu'au moment de signer avec un producteur, il se demande sur quoi signer. Moi aussi.**"**

ffoleé et regrette de faire le film. Je demain avec elle.

À bout de souffle montre, et ne démontre pas. Il montre Michel (Belmondo) toisant une affiche de Bogart au titre prémonitoire (*Plus dure sera la chute*, son dernier film), imitant son tic, un doigt passé sur les lèvres. Pourquoi? Et pourquoi Patricia (Seberg) dénonce-t-elle son amant? « Pour le forcer à partir », dira-t-elle. L'explication est faible. Et pourquoi Michel recherche-t-il sa propre mort? À la suite d'une course folle dans une interminable rue

« Mon film est un documentaire sur Jean Seberg et J.-P. Belmondo »

reportage de guerre, capable de saisir vite, n'importe où et dans n'importe quelles conditions la « splendeur du réel » que Godard ne cessera de traquer. De la jungle vietnamienne à la foule des Champs-Élysées, il travaille vite et bien.

En effet, le tournage file comme l'éclair. Il est bouclé en quatre semaines. L'équipe réduite fait merveille, travaillant dans une totale discrétion dans les rues de Paris, au milieu de la foule, sans tout le carnaval habituel aux films de l'époque. Par nécessité et par choix, Godard décide de se passer d'éclairage artificiel : pas de matériel lourd déployé en grande pompe, avec ses projecteurs, générateurs, et sa foule de machinistes. Le savoir technique de Godard, particulièrement développé, lui souffle des solutions audacieuses : utiliser pour les prises de nuit, par exemple, une pellicule si sensible qu'on ne

étroite, Michel s'écroule, une balle dans le dos. Patricia le rejoint (ci-contre), et recueille son héritage : ses derniers mots – « Tu est une dégueulasse » –, et son tic favori – le doigt sur les lèvres à la Bogart. Pourquoi? Parce qu'un film noir ne pouvait se terminer autrement.

●●Je croyais faire « le fils de Scarface » ou « le retour de Scarface », mais j'ai découvert que je faisais « Alice au pays des merveilles ».●●

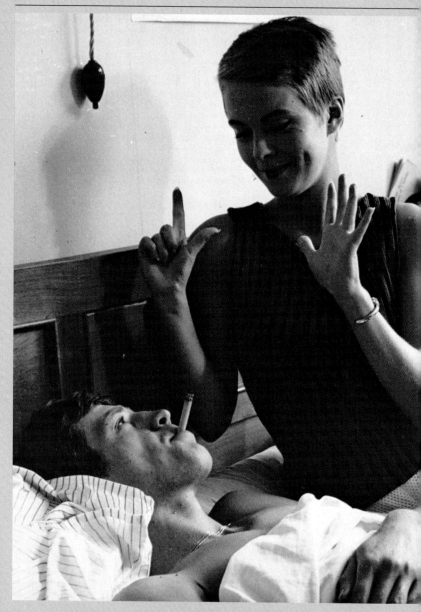

❝– Michel, au spectateur : « Si vous n'aimez pas la mer... Si vous n'aimez pas la montagne... Si vous n'aimez pas la ville... Allez vous faire foutre ! »

– Patricia, à Michel : « *I don't know if I am unhappy because I am not free, or I am not free because I am unhappy...* » (« Je ne sais pas si je suis malheureuse parce que je ne suis pas libre, ou si je ne suis pas libre parce que je suis malheureuse... »).

– Michel à Patricia : « Hélas, hélas, hélas ! J'aime une fille qui a une très jolie nuque, de très jolis seins, une très jolie voix, de très jolis poignets, un très joli front, de très jolis genoux, mais qui est lâââââche !... Fous le camp, je ne veux plus te voir... Fous le camp, dégueulasse ! »❞

Dialogues
d'*À bout de souffle*

Dans *À bout de souffle*, tout le monde est « dégueulasse » : Françoise traite Michel de dégueulasse, Michel traite deux fois Patricia de dégueulasse, Parvulesco traite Chopin de dégueulasse. Michel, agonisant, lance une dernière fois à Patricia : « Tu es dégueulasse. » Un flic insiste : « Il a dit : vous êtes vraiment une dégueulasse. » Elle : « Qu'est-ce que c'est, dégueulasse ? »

"Le montage. C'est mettre en rapport les choses et faire que les gens voient les choses. Ce que j'appelle montage est simplement un rapprochement. C'est ça la puissance extraordinaire de l'image et du son qui va avec, ou du son et de l'image qui va avec. Le montage permet de voir des choses et non plus de les dire. On met les images dans un certain ordre pour qu'il se dégage une certaine manière de vivre; entre deux pôles, un courant; et l'image,

. Aux rushes, toute l'équipe, y compris l'opérateur, trouve la photo dégueulasse. Moi, je l'aime.

l'utilise que pour la photo. Pas de perchman ni aucune prise de son : le tournage est muet. Ambiances et dialogues seront enregistrés *a posteriori*. Pas de rails de travelling : Godard place Coutard sur un fauteuil roulant, sa caméra légère à la main, pour suivre Belmondo poursuivant Seberg sur l'avenue des Champs-Élysées.

Le montage est une autre affaire. Encore une fois art, hasard et nécessité se conjuguent. Au terme du premier montage le film est trop long de quarante-cinq minutes. Il faut pratiquer des coupes claires, sans rendre l'ensemble incohérent. Godard décide de s'en tirer par le haut, inventant un style de montage elliptique, brisant la continuité narrative (et le confort somnolent du spectateur), véritable défi aux règles établies qui visent à rendre mise en scène et montage invisibles. Godard mêle délibérément la grammaire classique du cinéma (qu'il a pratiquée dans le genre documentaire, on l'a vu), et de fulgurantes «fautes» de syntaxe, jusqu'au crime absolu du faux raccord. Des fautes qui redéfiniront le langage du cinéma.

c'est un neutre, qui peut être plus ou moins entraîné; c'est pour ça que c'est extrêmement puissant. Moi, ce que j'aime bien, c'est deux images ensemble pour qu'il y en ait une troisième, qui n'est pas une image, qui est ce qu'on fait de deux images; exactement ce que fait la justice… Enfin, ce qu'est forcée de faire la justice, en présentant l'attaque et la défense, et puis les jurés, ou une certaine vérité…**"

En haut, Godard poussant Coutard sur son «fauteuil roulant de travelling»; page de droite, tournage de la scène de l'aéroport dans *À bout de souffle*.

Le lancement, enfin, est un modèle du genre, comme on peut s'y attendre d'un ancien attaché de presse de la Fox. Le distributeur s'offre quatre des meilleures salles de Paris, trois affiches différentes largement diffusées. On sort un roman et un disque. Et Godard n'a pas lésiné sur les photos de

on a tourné u[...] de la Geva 36. Tous trouvent ça infect. Moi, je trouve ça assez extraordinaire. C'est la première fois qu'on oblige la pellicule à donner le maximum d'elle-même en lui faisant faire ce pour quoi elle n'est pas faite. C'est comme si elle souffrait en étant exploitée à la limite extrême de ses possibilités. Même la pellicule, vous le voyez, sera à bout de souffle.

tournage. Ce film de bouts de ficelles fait 380 000 entrées. La Nouvelle Vague serait-elle une affaire rentable?

Le Petit Soldat

À partir d'*À bout de souffle*, et pour une décennie, Godard ne cesse de tourner. Comme mû par « la terreur, après, de ne pas pouvoir en faire un autre, comme de ne pas pouvoir trouver à manger. J'ai toujours gardé ce principe-là, dira-t-il plus tard : dès qu'un film est fait, je vais proposer au même producteur, s'il n'est pas mécontent, d'en refaire un autre pour moitié moins cher. »

❝Si nous avons pris la caméra à la main, c'est pour aller vite [...]. Les trois quarts des réalisateurs perdent quatre heures avec un plan qui demande 5 minutes de travail de mise en scène; moi, je préfère qu'il y ait cinq minutes de travail pour l'équipe – et me garder trois heures pour réfléchir.**❞**

C'est ainsi qu'il propose à Beauregard de faire *Le Petit Soldat* pour 20 millions. Les choses vont vite : en mars 1960, *À bout de souffle* sort ; pendant l'été, Godard est de nouveau en tournage, à Genève cette fois, en terrain connu – et sans star hollywoodienne pour grever le quart du budget. Encore une fois, c'est une histoire, et non un sujet. Mais cette fois l'Histoire et sa majuscule pèsent lourd. Peut-on parler de terrorisme et de torture en pleine guerre d'Algérie ? Peut-on filmer un déserteur français travaillant pour une organisation terroriste qui ressemble à la future OAS (créée l'année suivante), fût-il dégoûté et trahi, quand torture et terrorisme font l'actualité ? Un des traits les plus frappants de l'œuvre de Godard, au moins dans cette première période, c'est sa façon de se trouver légèrement en avance par rapport à l'actualité. Preuve expérimentale, s'il en était besoin, de l'authenticité de son rapport au réel ?

En choisissant un sujet politique d'actualité, Godard veut délibérément se « rapprocher du concret ». Paradoxalement, l'angle qu'il choisit pour ce récit est essentiellement subjectif et romanesque, lié au regard de son héros, Bruno Forestier (Michel Subor). Il y a l'histoire (un récit d'espionnage bien ficelé, amour, meurtres, trahisons), et le sujet : « Une fois déchiffrée, cette histoire à l'usage des distributeurs devient celle d'un homme qui trouve que son visage dans la glace ne correspond pas à l'idée qu'il s'en fait de l'intérieur, un homme qui pense que les femmes ne devraient pas dépasser vingt-cinq ans, [...] d'ailleurs, c'est encore un petit garçon, aussi l'ai-je appelé le Petit Soldat. »

" – Bruno : Quand on photographie un visage – regardez-moi – on photographie l'âme qui est derrière... Vous avez l'air d'avoir peur, pourquoi ?...

– Veronica : Oui, j'ai peur... Je trouve que c'est comme si la police m'interroge.
– Bruno : Oui, oui, un peu. La photographie, c'est la vérité. Et le cinéma, c'est vingt-quatre fois la vérité par seconde. **"**

Dialogues
du *Petit Soldat*

Le sujet, c'est encore la torture, ou comment exprimer « avec le minimum d'images possibles le fait que des personnes font, volontairement, souffrir d'autres personnes ». C'est aussi la politique, droite et gauche dos à dos : « Bruno : Vers 1930 les jeunes gens avaient la révolution. Par exemple Malraux, Drieu La Rochelle, Aragon. Nous n'avons plus rien. Ils avaient la guerre d'Espagne. Nous n'avons même pas une guerre à nous. À part nous-mêmes, notre propre visage et notre propre voix, nous n'avons rien. Mais peut-être que c'est ce qui est important [...]. » Flou idéologique et crudité des faits. En cette époque trouble le mélange ne passe pas. La censure française interdit la sortie du film (on ne le verra que deux ans plus tard). Catastrophe financière pour Beauregard, crise morale pour Godard, sans parler de cette actrice débutante, Anna Karina, premier rôle d'un film que personne ne peut voir...

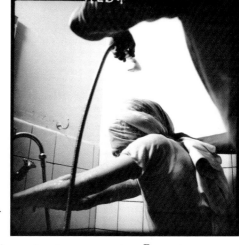

Romantisme, confusion politique (page de gauche) et torture à la baignoire (ci-dessus) dans *Le Petit Soldat*.

La vérité d'Anna Karina, animée par la grâce de la persistance de la vision, à 24 images seconde : c'est *aussi* le sujet du *Petit Soldat* (et des films qui suivront). La plus belle actrice du monde ne peut donner que ce qu'elle a ; mais c'est déjà beaucoup, pourrait dire le cinéaste. Car Godard veut montrer l'acteur en soi, tantôt « sur-jouant » son rôle, tantôt tel qu'il est « dans la vie », avec ses postures, ses mimiques propres. Ainsi seulement, sans le savoir peut-être, l'acteur participe-t-il à la création, corps et âme.

Une femme est une femme

Et Godard enchaîne avec Beauregard un autre film avec / sur Karina, dans un registre aussi différent que possible : une comédie musicale. Une histoire d'amour encore une fois, même si Godard emprunte l'amant (Belmondo), les scènes de ménage et les portes qui claquent au registre boulevardier (d'ailleurs l'histoire est « située » dans le quartier Strasbourg-Saint-Denis, quartier des théâtres – et de la prostitution). Monsieur et Madame Récamier (Brialy et Karina) sont un charmant jeune couple, elle chanteuse dans une boîte de strip-tease, lui journaliste. Un jour, elle décide d'avoir un enfant avec son mari. Tout de suite. Lui atermoie, elle s'obstine, et décide d'aller se faire faire un enfant ailleurs. Les derniers mots du film : « – Tu es infâme. – Non, je suis une femme. »

Une femme est une femme est sans doute le plus joyeux des films de Godard malgré les larmes de Karina (qu'on devine bien réelles), le plus « joueur ». Plusieurs grandes premières dans sa carrière. La couleur d'abord, dont Godard se saisit d'emblée en peintre, comme un paramètre nouveau de sa création dont il doit tirer tout le parti esthétique possible : ici, une profusion de couleurs franches, un manteau d'arlequin, comme dans la commedia dell'arte.

Curieuse comédie musicale – le genre le plus artificiel qui soit, genre de studio par excellence – où Karina joue Cyd Charisse sur fond de poubelles, où l'accompagnement de violons s'arrête net dès qu'elle commence à chanter (un charmant filet de voix), dès que l'action semble appeler un crescendo lyrique. Autant de gags pour réveiller le spectateur et jouer avec ses habitudes (on en rit beaucoup), mais aussi pour manifester une certaine réalité (ou vérité ?), celle du cinéma en train de se faire, telle que la caméra et le micro l'enregistrent. Autant de façons de confronter des choses concrètes et complexes : l'égoïsme masculin et féminin, le jeu et le sérieux, le regard des acteurs (de l'actrice surtout), celui des anonymes qui passent dans la rue, celui du spectateur.

Le cinéma, et la vie : sur la fin du tournage Anna Karina tombe enceinte. Aussitôt Godard lui propose de l'épouser. À l'église. En mars 1961, leur mariage fait la couverture de *Paris-Match*. Agnès Varda photographie la cérémonie, et les fait jouer au jeune couple dans *Cléo de 5 à 7*. *Une femme est une femme* est un échec commercial (55 000 spectateurs), la grossesse d'Anna se termine en fausse couche et la laisse désespérée, Godard reste possessif et insaisissable. Et bien sûr, il enchaîne.

Anna = nAna = Nana

Tourné en 1962, *Vivre sa vie* est le négatif du film précédent, à tous les sens du terme : après la maternité, la prostitution, après la vie, la mort, après la comédie,

« Ce qui nous a fait beaucoup aimer Renoir ou Nicholas Ray, c'était aussi de savoir que telle fille, c'était celle qui il avait pu, ou pas. C'est une chose qui m'est restée, travailler avec une actrice, la faire tourner et vivre avec

elle, même si je l'ai mal fait. » Ainsi fut Anna Karina (ci-dessus, dans *Une femme est une femme* et, page de droite, mariée). Pour Godard : un pur fantasme cinéphilique devenu réalité. Comme Griffith et Lilian Gish, Pabst et Louise Brooks, Orson Welles et Rita Hayworth... Ainsi Godard, à l'époque du casting d'*À bout de souffle*, tombe-t-il amoureux d'une publicité Monsavon, où s'ébat une jeune beauté « plus que nue », plongée jusqu'au cou dans un bain de mousse (page de droite). Il retrouve sa trace, et lui propose sans succès...

la tragédie, après la couleur, le noir et blanc,
après l'artifice, le documentaire social.
Autant le premier est chaotique et foisonnant,
autant le second est simplement ordonné :
douze tableaux présentés par des intertitres,
douze séquences indépendantes et closes,
comme dans les *Fioretti de François d'Assise* de
Rossellini (1949). Douze épisodes de l'existence
d'une femme qui se prostitue pour vivre.
Cette fois, c'est Pierre Braunberger, doyen
des producteurs français (il a produit en 1926
le *Nana* de Renoir, ainsi que les premiers courts
métrages de Godard) qui finance le film.
Quatre semaines de tournage seulement.

... un petit rôle,
déshabillé. Le mois
suivant, seconde
proposition : un
premier rôle cette fois.
Un film politique.
Habillé. Elle rejoint
finalement l'équipe du
Petit Soldat à Genève.
Au terme d'une cour
déconcertante faite de
jeux de regards, puis de
petits mots, ils finissent
en couple inséparable, et
reviennent ensemble à
Paris. Quel couple ! Lui
se consacre au cinéma,
et entend qu'Anna se
consacre à lui. Il passe
ses soirées aux *Cahiers*,
saute sans prévenir
dans un avion pour
Rome ou New York,
revient les bras chargés
de fleurs, quelques
semaines plus tard...

62
LE Z
YAU.
29.47
45
SAINT
du 7 au LUN
RECOR
DAN
URS
DO
DU C
EN SC
du MERC
LES

Qu'est-ce que *Vivre
sa vie* (ci-contre)? Un
documentaire distancié
sur la prostitution
parisienne; mais aussi
un véritable mélo
convoquant les grandes
figures du muet. Un
drame qui serait aussi
une tragédie, à travers
la figure de Nana,
confrontée aux larmes
de la Jeanne d'Arc de
Dreyer: la sainte et la
putain, unies à travers
leurs larmes. Une
tragédie qui serait aussi
une métaphore du
cinéma (l'acteur vendant
son corps, l'auteur
son talent), avatar de
la « sainte prostitution
de l'Art » dont parle
Baudelaire. Une
métaphore qui serait
aussi un portrait. Dans
l'avant-dernière scène,
un client lit ce passage
du *Portrait ovale*
d'Edgar Poe: « Ceux
qui contemplaient le
portrait parlaient à voix
basse de sa ressemblance
comme d'une puissante
merveille, et comme
une preuve [...] de son
profond amour pour
celle qu'il peignait
miraculeusement bien.
Mais, à la longue, [...]
le peintre [...] détournait
rarement ses yeux
de la toile, même pour
regarder la figure de sa
femme. Et il ne voulait
pas voir que les couleurs
qu'il étalait sur la toile
étaient tirées des joues
de celle qui était assise
près de lui. » Un portrait
de Karina en Nana,
un documentaire sur
le visage d'Anna, en
quelque sorte. Hélas
pour elle!

Les Carabiniers

Tandis que Karina se lance dans d'autres aventures (*La Religieuse* de Rivette d'après Diderot, à la scène, puis au cinéma), Godard aborde ce qui sera le premier grand « four » de sa carrière : *Les Carabiniers*. Tourné pendant l'hiver 1963 dans la banlieue parisienne, avec un budget ridicule et des acteurs quasi inconnus, « ce film est une fable, un apologue où le réalisme ne sert qu'à venir au secours, qu'à renforcer l'imaginaire ». Comme tout apologue, il a un but, simple, clair, direct : dénoncer l'absurdité de toutes les guerres (on se souvient des *Brigands* d'Offenbach : « Nous sommes les Carabiniers / Nous partons toujours les premiers. / Mais par un malheureux hasard / Nous arrivons toujours en retard »). Deux paumés, Ulysse / M. Masé et Michel-Ange / A. Juross, s'engagent donc dans l'armée du roi pour piller les merveilles du monde ; ils n'en retireront qu'un lot de cartes postales. Ces personnages « ne sont situés ni psychologiquement, ni moralement, et encore moins sociologiquement. Tout se passe au niveau de l'animal, et encore cet animal est-il filmé d'un point de vue végétal quand ce n'est pas minéral, c'est-à-dire brechtien ».

❝Chaque plan, chaque séquence correspond à une idée précise : l'Occupation, la campagne de Russie, l'armée régulière, les partisans, etc. Ou à un sentiment précis : la violence, la débandade, l'absence de passion, la dérision, le désordre, la surprise, le vide. Ou un fait, un phénomène précis : le bruit, le silence, etc. Autrement dit, un peu comme s'il s'agissait d'illustrer les multiples – et pourtant toujours ennuyeusement pareils – visages de la guerre grâce à des plaques d'Épinal glissées dans la lanterne magique, suivant les principes chers aux opérateurs d'autrefois de l'actualité reconstituée.❞

Godard, à propos des *Carabiniers*

Parabole brechtienne, donc, où Godard multiplie les effets de distanciation : uniformes composites, image terne, scènes mal éclairées, montage à la hache. Pas d'action militaire, pas de scène de guerre (sinon des images d'archives violemment hétérogènes : deux partisans qui tirent au fusil, un cuirassé qui fait feu de tous ses canons…). Il généralise ici l'usage de cartons (des textes courts, sur fond noir, comme dans les films muets – procédé brechtien par excellence) qui commentent ironiquement l'action, quand ils ne s'y substituent pas. « Bref tout, décor, personnages, actions, paysages, aventures, dialogues, tout n'est qu'idées, et, comme tel, sera filmé le plus simplement possible, le plus simplement du monde, la caméra étant, si j'ose dire, dans son plus simple appareil, en hommage à Louis Lumière. Car il ne faut pas oublier que le cinéma doit, aujourd'hui plus que jamais, garder pour règle de conduite cette pensée de Bertolt Brecht : "le réalisme, ce n'est pas comment sont les choses vraies, mais comment sont vraiment les choses". » Comment sont vraiment toutes les guerres ? Inutiles et sanglantes, fondées sur la bêtise et l'avidité. La mort y est dénuée de sens, la vie aussi (on est aux antipodes du film précédent). On part, la fleur au fusil, sur une fiction ; et c'est tout ce qui nous reste à l'arrivée (des cartes postales, des « souvenirs »). La guerre est un mensonge ; les images de la guerre aussi. Le cinéma ? Aussi.

Le Mépris

Le fond comme la forme prennent critiques et public à rebrousse-poil : moins de 3 000 entrées en deux semaines. Mais au moment même de cette sortie, Godard a déjà abordé un autre projet, radicalement différent encore une fois. Pour financer *Une femme est une femme* et *Les Carabiniers*, Beauregard s'est

Ci-dessus, les carabiniers écrivent à leurs amies. Les textes sont tirés de lettres de soldats encerclés à Stalingrad, de celles d'un hussard de Napoléon durant la campagne d'Espagne, et de circulaires d'Himmler à ses troupes.

Ci-contre, Godard lit le scénario du *Mépris* à Brigitte Bardot et à Michel Piccoli, comme s'il célébrait un mariage.

« Ça a été le seul film "classique" que j'ai eu l'occasion de faire : film de prestige, auteur connu, vedettes connues, metteur en scène original. » Le « classique » est au cœur du *Mépris*. Tout y tourne autour du film à faire : l'adaptation de *L'Odyssée* (le classique des classiques) par Fritz Lang (*idem*). Prokosch, le producteur, veut lui faire « moderniser » *L'Odyssée* à la sauce psychanalytique. Il engage donc le scénariste Javal qui « laisse » Prokosch courtiser sa femme… Qui en méprise Javal. « Le sujet du *Mépris*,

Godard métamorphose

associé à un producteur italien, Carlo Ponti. Ce dernier proposant de tourner un film en Italie, Godard se souvient d'un sujet que lui a suggéré Rossellini : l'adaptation du *Mépris* de Moravia. Cette histoire d'une femme qui

méprise son mari, « un vulgaire et joli roman de gare plein de sentiments classiques et désuets, en dépit de la modernité des situations. Mais c'est avec ce genre de roman que l'on tourne souvent de beaux films ». À la base, donc, un texte, une histoire, chose unique chez Godard. Puis une star, LA star française par excellence, méprisée des esthètes, chérie du public et de la Nouvelle Vague : Brigitte Bardot.

ce sont des gens qui se regardent et se jugent, puis sont à leur tour regardés et jugés par le cinéma, lequel est représenté par Fritz Lang jouant son propre rôle. »

Et aussi, du coup, beaucoup d'argent (500 millions de francs, dix fois le budget d'*À bout de souffle*). Car Beauregard et Ponti s'associent à un distributeur américain, Joseph E. Levine, très présent dans les productions de péplums italiens. Pourtant Godard n'aime guère les gros budgets, qui amènent la production à intervenir sur le contenu du film en proportion de sa prise de risque – situation qui est d'ailleurs au cœur du film : Prokosch (Jack Palance), le producteur américain, imposant au réalisateur (Fritz Lang) un scénariste de son choix, Javal (Michel Piccoli). Autres inconvénients mineurs : un scénario complet visé par la production, des équipes pléthoriques et syndiquées travaillant à horaires fixes… Mais Godard impose tout de même Coutard à la photo.

Au cours du tournage, Godard n'aura guère à se plaindre de B. B., très docile, malgré la nuée de paparazzi qui l'entoure en permanence. Ce

Trahie, Camille / Bardot (ci-dessous) se coiffe comme Nana dans *Vivre sa vie* : puisque son mari la traite en putain, autant en mettre la perruque ! Mais nier la blondeur de B. B. est aussi une véritable provocation.

Lang représente ici le cinéma, et sa conscience, contre l'embrouillamini

la star en actrice

sera bien moins facile avec Jack Palance (une « trogne » du western hollywoodien), qui exige en vain qu'on lui explique chaque geste ; l'inverse de la méthode de Godard. Et comme il se doit, rien ne va plus avec la production, particulièrement quand Joseph E. Levine s'aperçoit que cette histoire de sexe et d'adultère, jouée par le *sex symbol* du moment, ne la montre jamais nue. Après de violents échanges, Godard accepte finalement d'ajouter quelques plans, dont la merveilleuse scène introductive entre Piccoli et Bardot, au lit (« … Et mes fesses, tu les aimes, mes fesses ? Et mes jambes ?… »). *Le Mépris* fait 220 000 entrées, beau score pour un Godard, mais pas pour un film de Bardot ! Lui ne retravaillera pas de sitôt avec un producteur américain.

psychologique que propose Prokosch en guise de « réalisme ». Ainsi Lang (le personnage) filme-t-il *L'Odyssée* : Ulysse face à la mer ; les dieux, statues aux yeux peints, contemplant les actions des hommes. Ainsi, selon Godard, « film simple et sans mystère, film aristotélicien, débarrassé des apparences, *Le Mépris* prouve, en 149 plans, que dans le cinéma comme dans la vie, il n'y a rien de secret, rien à élucider, il n'y a qu'à vivre – et à filmer. »

Classique, *Le Mépris* n'est pas un film conservateur ou réactionnaire. Car le classicisme reste ici une utopie (et le film se dénoue dans une île, le lieu classique de toutes les utopies). Fritz Lang, qui l'incarne, est un exilé. Au contraire d'Ulysse, Lang ne rentrera jamais « chez lui », puisque l'Europe qu'il retrouve ressemble désormais à l'Amérique qu'il quitte. « *Le Mépris*, dit Godard, m'apparaît comme l'histoire de naufragés du monde occidental, des rescapés du naufrage de la modernité, qui abordent un jour, à l'image des héros de Verne ou de Stevenson, sur une île déserte et mystérieuse, dont le mystère est inexorablement l'absence de mystère, c'est-à-dire la vérité. Alors que l'odyssée d'Ulysse était un phénomène physique, j'ai tourné une odyssée morale : le regard de la caméra sur des personnages à la recherche d'Homère remplaçant celui des dieux sur Ulysse et ses compagnons. » Dans la dernière scène du film, Lang tourne les premiers pas d'Ulysse sur sa patrie retrouvée. On voit un homme, debout, face à la mer vide.

Pour Coutard, *Le Mépris* est (aussi) « la plus coûteuse carte postale qu'un homme ait jamais offerte à sa femme ». Le couple désuni du *Mépris*, le silence de l'une et la volubilité de l'autre, fait écho aux impasses du couple Godard. Et quand ce dernier coiffe Bardot « à la chien » comme Nana dans *Vivre sa vie*, film-portrait de Karina, comment ne pas voir là un trait autobiographique, voire un message privé ? Après trois tentatives de suicide et maintes crises et réconciliations, Karina quittera Godard. Quand ? Après *Le Mépris* ? *Bande à part* ? *Alphaville* ? Les avis des intéressés et de l'entourage divergent, mais qu'importe ?

Les questions que se posent les personnages de *Bande à part* : « tou bi or not tou bi contre votre poitrine, it iz ze question » (petit mot d'Arthur à Odile) ; « Odile se demande si les deux garçons remarquaient ses deux

Bande(s) à part

Entre-temps Anna vit sa vie, tourne à droite à gauche, y compris pour son mari. Car en cet hiver 1964 Godard fait *Bande à part*, comme il aime faire : petite équipe, petite production – un soulagement

Les personnages de BANDE A PART ne se posent pas de question

après le cirque du *Mépris*, et la preuve qu'un petit budget ne fait pas forcément un petit film ? C'est encore un polar prétexte, comme *À bout de souffle* : l'histoire de trois marginaux, Arthur, Franz et Odile (Claude Brasseur, Sammy Frey et Anna Karina, qui prend le prénom de la mère de Godard), leurs amours, leurs rapines, un meurtre et un *happy end*, dans la grisaille de la banlieue parisienne. Ici Godard retrouve le noir et blanc, le réel parisien filmé à la Jean Rouch, un esprit à la Queneau, et aussi une certaine émotion proche du réalisme poétique d'avant-guerre. Mais de plus en plus nettement, Godard se désintéresse de l'histoire : les scènes les plus fortes du film sont des digressions, sans rapport avec l'action. Ainsi quand les trois amis décident de battre le record actuel de vitesse de visite du Louvre – sept minutes, en courant. Ou encore, quand ils parlent du silence

seins qui remuent à chaque pas sous son chandail » (Godard en voix *off* dans la scène du madison).

(c'est très long, une minute de silence, remarquent-ils) : les trois amis se taisent,
la bande-son aussi, et Godard nous offre une longue minute de vrai silence cinématographique. Ou bien quand, dans un café, les trois dansent longuement le madison au son d'un juke-box entremêlé des pensées intimes des uns et des autres – une scène qu'on retrouvera dans le *Pulp Fiction* de Tarantino, en hommage direct à *Bande à part*.

Une femme mariée

Alors qu'il pense déjà à *Pierrot le fou*, Godard se voit proposer lors de l'été 1964 un nouveau défi. La Biennale de Venise l'appelle un soir pour savoir s'il n'aurait pas quelque film à présenter au festival. Hélas, il n'a rien. Qu'à cela ne tienne : en un mois tout juste, du premier jour de préproduction au dernier jour du montage, Godard réalise *La Femme mariée* (la censure gaulliste lui fera changer le titre en « *Une* » femme mariée). Ces « fragments d'un

Ci-dessus, la scène du Louvre et, ci-dessous, celle du madison dans *Bande à part*.

"C'est l'esprit de *Bande à part*, c'est le côté Queneau de l'existence, des personnages qui vivent comme ça et qui parlent en « son direct ». Ce qui est intéressant, c'est cette espèce de fluidité, c'est d'arriver à sentir l'existence comme une matière ; ce ne sont pas les gens qui sont importants, c'est l'air qui est entre eux.**"**
Godard, 1965

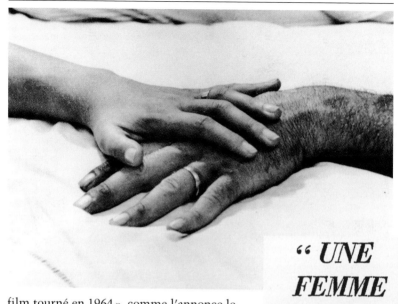

" UNE FEMME MARIÉE "

vue par Godard

POSSEDE VOITURE
MARI ET AMANT

film tourné en 1964 », comme l'annonce le générique, montrent ce qui emplit une journée de la vie d'une femme « moderne » (Macha Meril) : l'amant, le mari, le fils, et surtout le consumérisme vainqueur des années soixante. Très plastique, la séquence d'ouverture présente un corps féminin fragmenté, découpé en objets de désir prêts à consumer : une main féminine qui glisse sur fond blanc, une main d'homme l'attrape au poignet ; Macha Meril de dos ; sa nuque ; sa jambe sur un drap blanc ; ses hanches, plein cadre (on pense à la scène d'ouverture du *Mépris*)...

Ces scènes « déshabillées » qui reviennent comme un leitmotiv sont profondément et délibérément ambiguës, érotiques *et* pornographiques, mais d'une pornographie « convenable », comme une publicité pour un bustier ou un soutien-gorge : pas de sein visible, pas de sexe (on pense à *Psychose* de Hitchcock). Dans ce film « où les sujets sont considérés comme des objets, [...] où le spectacle de la vie se confond finalement avec son analyse »,

❝Malheur à moi, donc, puisque je viens de tourner *La Femme mariée*, un film où les sujets sont considérés comme des objets, où les poursuites en taxi alternent avec les interviews ethnologiques, où le spectacle de la vie se confond finalement avec son analyse ; bref, un film où le cinéma s'ébat libre et heureux de n'être que ce qu'il est.**❞**

jamais la caméra de Godard n'aura été aussi proche de la peau des acteurs, jamais elle n'aura été aussi clinique. Ici la caméra n'est pas objective, mais critique, et le consumérisme dont les signes saturent le film évoque moins l'abondance que le manque. Dans le monologue intérieur fragmenté de la femme reviennent les phrases : « ne pas penser ; tout oublier », qui évoquent et nient tout à la fois l'amour comme transcendance et oubli de soi, comme rencontre de deux âmes – dans un monde sans âme.

Alphaville, capitale de la douleur

1964, Paris, France : *Une femme mariée* est on ne peut plus situé. *Alphaville* (1965) ne l'est pas moins. Ce faux polar de science-fiction, situé dans un vague futur, montre ce même Paris des années 1960, mais sous un éclairage radicalement différent. Le décor n'est pas moderniste, mais violemment contemporain : architectures de béton, de verre, d'acier, abruptes et froides, prises çà et là en région parisienne. Au visage lisse et impassible de Macha Meril dans *Une femme mariée* répond dans

Ci-dessus, Macha Meril dans *Une femme mariée*.

••Je suis incapable de montrer un milieu si je ne le connais pas. Pour *La Femme mariée*, j'aurais aimé un couple avec une situation sociale moins élevée, plus difficile. Le mari aurait été P3, par exemple. [...] J'avais peur de me tromper. Sur Macha Meril, pas du tout. On me rétorque : il n'existe qu'un personnage comme ça dans le monde. Je suis bien d'accord, encore que je pourrais en trouver dix à *Madame Express* ou à *Elle*. Un type qui ne connaît que les fourmis ne peut pas faire un truc sur les coléoptères.••

Alphaville un autre « masque » : la trogne
impavide et fripée du « privé » Lemmy Caution,
joué par Eddie Constantine, une star de série B
française des années 1950. Ici, la femme était le
mystère et l'objet de l'enquête ; là, c'est l'homme
qui mène l'enquête, autour d'une figure féminine
incarnée par Karina, et d'un même mystère :
l'amour, l'affect. Car Alphaville est une cité régie
par un ordinateur, Alpha 60, selon la plus stricte
rationalité. Les émotions – et les mots pour les
dire –, en sont bannies. Et que faire sans les mots ?
En fait, *Alphaville* évoque moins le futur que le
passé, plus précisément les architectures du Fritz
Lang de *Mabuse* et de *Metropolis* (les références
sont nombreuses et explicites dans le film).
On pourrait dire aussi que Godard traite la
science-fiction comme Cocteau le fantastique
(dans *Orphée* par exemple). Ainsi Alpha 60,
l'ordinateur qui parle, est figuré par un simple
ventilateur, l'éclairage faisant le reste. Car c'est
l'alternance de l'ombre et de la lumière, le
clignotement incessant des sources lumineuses
qui transfigurent le décor. Façon de figurer à la
fois un monde régi par le
binaire – noir / blanc,
0 / 1 – et d'évoquer le
clignotement propre à
l'image cinématographique,
voire celui des premiers
films muets. Le noir
sur blanc, c'est encore
la lettre, le graphisme,
le mot. Et quand Caution
/ Constantine montre
à Natacha / Karina le
recueil de poèmes
Capitale de la douleur

d'Eluard, ce titre désigne autant Paris-capitale,
que la lettre capitale, l'Alpha d'Alphaville,
la première lettre de l'alphabet, celle par quoi
on (re)commence quand on a tout effacé. Ou
le « A » du mot amour, que parvient finalement
à prononcer Karina.

**– Alpha 60 : « Savez-
vous ce qui transforme
la nuit en lumière ? »
– Lemmy Caution :
« La poésie ».**
Dialogue d'*Alphaville*

Cette lutte de la poésie et de la raison qui est l'enjeu d'*Alphaville* se livre à coups de citations. Lemmy Caution cite Eluard, *Capitale de la douleur*, ou encore ces vers : « Il suffit d'avancer pour vivre / D'aller droit devant soi / Vers tout ce que l'on aime » (« La petite enfance de Dominique »). Alpha 60, lui, cite constamment Borges : « Personne n'a vécu dans le passé, personne ne vivra dans le futur. Le présent est la forme de toute vie. Le temps est un cercle qui tournerait sans fin » (« Nouvelle réfutation du temps »). Godard déclara lors de la sortie du film : « Lemmy erre dans le futur comme dans un labyrinthe de Borgès. »

Mon ami Pierrot

« *Pierrot le fou*, dit le texte promotionnel du film, c'est : un petit soldat qui découvre avec mépris qu'il faut vivre sa vie, qu'une femme est une femme, et que dans un monde nouveau, il faut faire bande à part pour ne pas se retrouver à bout de souffle. » Bref, c'est une somme, un bilan. Godard ramasse ses billes et les compte. Certes Godard tourne toujours au présent, sans scénario. Ses films s'inventent en cours de route, et *Pierrot le fou* ne fait pas exception. Le projet, ou plutôt le prétexte – une adaptation plus que libre du *Démon de onze heures*, un polar de Lionel White –, le poursuit depuis début

En haut, Godard et Karina tournant *Alphaville* ; ci-dessus, Natacha von Braun et Lemmy Caution.

1964 (deux films plus tôt). Mais il lui a fallu attendre que Belmondo, occupé à faire sa gloire et gâcher son talent en duo avec Gabin, soit enfin libre. Tourner avec Belmondo, c'était précisément boucler la boucle amorcée avec *À bout le souffle*, entraînant dans la ronde tous les films tournés entre-temps. C'est encore un polar, encore l'histoire d'un couple en fuite, non plus du Midi à Paris, mais à l'inverse, de Paris à la Côte d'Azur. La trahison féminine (Marianne / Karina) y joue le même rôle. Il y a des chansons comme dans *Une femme est une femme*, une scène de torture à la baignoire comme dans *Le Petit Soldat*. L'image de la mer conclut le film comme dans *Le Mépris*, etc. Tout se passe comme si Godard voulait faire la somme de ses expériences passées, et les unifier en un tout cohérent. Que ce film ait été désigné comme un des quatre plus grands films français de tous les temps dit bien la réussite de l'entreprise. Il n'en reste pas moins que cette démarche rétrospective marque une rupture et signe, chez Godard, la recherche d'autre chose, un changement de voie.

Ci-dessus, la fête chez « madame expresso », où l'on parle par slogans publicitaires sur fond monochrome rouge, bleu, vert, blanc. Pierrot y rencontre Samuel Fuller, qui s'ennuie autant que lui, et nous livre une définition du cinéma que Godard pourrait s'approprier : « le cinéma est un champ de bataille... ».

Marianne solaire, Pierrot lunaire

Le virage est déjà net dans *Pierrot le fou* : le cinéma n'y est plus seulement un instrument d'optique diffracté pour scruter les multiples facettes du réel ;

il est déjà un outil d'action, un instrument politique. Et la question de l'action y est centrale. Ferdinand / Pierrot / Belmondo est un personnage lunaire, contemplatif, que Marianne / Karina – personnage solaire – arrache à l'ennui monochrome d'une existence bourgeoise pour le plonger dans l'univers du polar. Mais si Pierrot lâche femme et enfants, c'est pour se réfugier dans un monde à part, une utopie insulaire à la *Paul et Virginie* : aimer, lire des livres, regarder la mer, le soleil et la lune.

Marianne représente ici l'action, la nécessité de vivre sa vie, d'exister, d'éprouver des émotions. Elle l'arrache à son existence de mort-vivant pour lui offrir l'occasion d'une belle mort, en forme de feu d'artifice. Elle tue, elle tire au fusil à lunette ; elle est sincère et infidèle ; elle est impliquée dans divers trafics, dans diverses histoires politiques. C'est elle, toujours, qui introduit le contexte dans le film : ainsi quand elle force Pierrot à quitter sa plage pour tirer quelques sous à des touristes américains. Scène extraordinaire où elle et Pierrot miment la guerre du Vietnam, une main à plat et une poignée d'allumettes figurant l'attaque d'un B52 : un trucage direct, naïf, à la Méliès. Ici

NE RIEN RACONTER ET TOUT DIRE

Godard semble vouloir revenir, pour le re-fonder en quelque sorte, aux origines du cinéma. Il filme comme filmerait Louis Lumière : non pas une histoire, mais des instants de vie.

Ce retour aux origines, cette volonté de simplification, est une démarche presque chimique : « [...] la vie des autres déconcerte toujours. À plus forte raison la vie toute seule que j'aurais bien voulu monter en épingle pour faire admirer, ou réduite à ses éléments fondamentaux, comme un prof d'histoire naturelle, bonne définition en passant de Pierrot pour intéresser les élèves,

les habitants de la terre en général et les spectateurs
de ciné en particulier ». Ainsi *Pierrot le fou* est-il
parcouru par les quatre éléments, à l'état pur. L'eau,
par la présence élémentaire de la mer, comme dans
Le Mépris. L'air, par de nombreux plans de ciel, et
par la démarche funambulesque de Pierrot. La terre,
celle qu'on parcourt ou qu'on habite, la forêt, les
champs. Enfin le feu, celui de la guerre, mais
surtout celui de la passion, du coup de foudre,
représenté à la fois comme un orage (par le son) et
comme un feu d'artifice (par l'image), auquel répond
le feu d'artifice final, qui se consume comme un
bûcher funéraire. Le tout dernier plan du film
rassemble le tout, quand on quitte la terre pour
suivre la ligne de la mer et du ciel, pour rejoindre
l'image aveuglante du soleil. Et l'on entend,
chuchoté, le poème de Rimbaud : « Elle est
retrouvée. / Quoi ? – L'Éternité. / C'est la mer allée /
Avec le soleil » (allusion à la fin de *L'Impératrice
Yang Kwei Fei* de Mizoguchi, quand les amants se
retrouvent au-delà de la mort).

Retour aussi aux origines de la représentation,
où Godard, plus nettement que dans les films
précédents, confronte son art à la peinture. Car au
couple action / réflexion (Marianne / Pierrot, donc)
correspond le couple peinture / cinéma. Marianne
s'appelle Renoir, mais c'est Pierrot qui l'assimile au
peintre et non au cinéaste. Marianne veut vivre,
ressentir, s'émouvoir ; et dans le film Samuel Fuller
lui-même définit ainsi le cinéma : « l'amour, la
haine, l'action, la violence, la mort ; en un mot,
l'émotion ». Pierrot, lui, s'identifie au vieux
Vélasquez dans
l'interprétation d'Élie
Faure : « Vélasquez,
après cinquante ans,
ne peignait plus
jamais une chose
définie. Il errait autour
des objets avec l'air
et le crépuscule,
il surprenait
dans l'ombre

••[Au cinéma],
l'imaginaire et le réel
sont nettement séparés
et pourtant ne font
qu'un, comme cette
surface de Moebius qui
possède à la fois un et
deux côtés [...]. Ce
double mouvement
qui nous projette vers
autrui en même temps
qu'il nous ramène au
fond de nous-mêmes
définit physiquement
le cinéma. J'insiste sur
le mot : physiquement,
à prendre dans son
acception la plus simple.
[...] En ce sens, on peut
dire que *Pierrot* n'est
pas vraiment un film.
C'est plutôt une
tentative de cinéma. Et
le cinéma, en faisant
rendre gorge à la réalité,
nous rappelle qu'il faut
tenter de vivre.••

Ci-dessous et à droite,
Belmondo en bleu pour
le final.

Jean-Luc Godard ne dit pas exactement n'importe quoi

et la transparence des fonds des palpitations colorées dont il faisait le centre invisible de sa symphonie silencieuse. » Godard, lui aussi, « erre autour des objets », cherchant à montrer, non pas les choses, mais ce qu'il y a entre les choses. Et *Pierrot le fou* est un film profondément pictural, éclatant de couleurs, jusqu'à cette mort de Pierrot, le visage peint en bleu, la tête entourée de bâtons de dynamite rouges et jaunes. Soyons clair : Godard n'oppose pas le cinéma à la peinture (ni l'action à la réflexion !). Il les confronte, dialectiquement. Car « le soleil a rendez-vous avec la lune », comme dit la chanson.

••PIERROT LE FOU c'est : – Stuart Heisler revu par Raymond Queneau – Le dernier film romantique – Le techniscope héritier de Renoir et Sisley – Le premier film moderne d'avant Griffith – Les promenades d'un rêveur solitaire – L'intrusion du ciné-roman policier dans le tragique de la ciné-peinture.**••**

Tract publicitaire

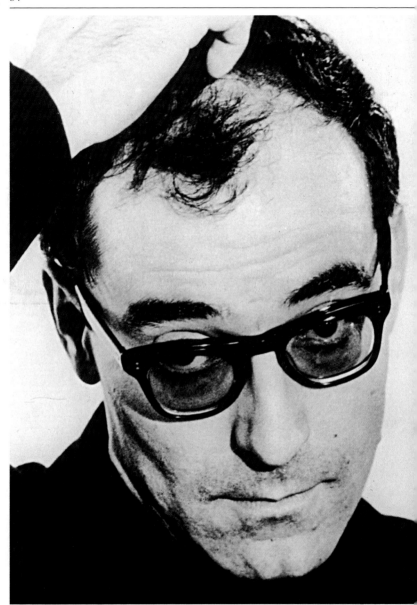

« Qu'est-ce que j'peux faire… J'sais pas quoi faire… », répète Marianne en errant sur la plage, tandis que Pierrot s'abîme dans ses lectures. Bien plus tard Godard fera ce commentaire : « C'était une époque bizarre où je me disais : mais qu'est-ce qu'on peut faire ? On a tout fait. Il fallait que 68 vienne un peu balayer la poussière. »

CHAPITRE 3

SAUVER LE CINÉMA (LE MONDE) 1965-1975

1960-1965 : cinq ans pour refaire le cinéma. 1965-1975 : dix ans pour refaire le monde. 1975-2006 : quarante ans pour se refaire (et constater qu'on ne se refait pas). Le monde que Godard considère est un univers en expansion, toujours plus vaste, toujours plus froid. (Page de gauche, un air de Buster Keaton : Godard vers 1965.)

Épuisement esthétique peut-être ; épuisement physique sûrement. Pourtant Godard ne renoncera pas si vite à son rythme de deux films par an, sans compter les nombreuses contributions aux films à sketches typiques de la période (*La Paresse* dans *Les Sept Péchés capitaux*, *Le Nouveau Monde* dans *RoGoPaG*, *Le Grand Escroc* dans *Les Plus Grandes Escroqueries du monde*, *Anticipation ou l'amour en l'an 2000* dans *Le Plus Vieux Métier du monde*). Mais dans « Qu'est-ce que j'peux faire », on doit aussi lire : que faut-il faire ? Car cet épuisement est peut-être celui d'une question : celle des rapports entre le monde et le cinéma classique, tel que Godard l'interroge, le déconstruit et, tout compte fait, s'y confronte jusque-là.

La morale...

Godard n'entend pas s'installer dans ce désespoir qui traverse *Pierrot le fou*. Pierrot était un Robinson sans boussole, Godard éprouve maintenant cruellement le besoin de se situer. Car sa solitude morale est totale. La Nouvelle Vague n'est plus qu'un souvenir. Chacun pour soi – lui le premier –, ses premiers compagnons de route, Truffaut, Chabrol, Rivette, Rohmer, ont fait leur chemin,

❝Pour moi, la morale définit les rapports de l'homme avec le monde. Le monde me semble plus vaste que Dieu [...]. Être religieux, c'est croire que le monde est compris dans Dieu, et être moraliste, ça consiste à croire que Dieu est compris dans le monde. Les gens religieux sont souvent plus dangereux que les gens moraux, parce qu'ils veulent faire triompher la religion, alors que les gens moraux ne veulent jamais faire triompher la morale.❞

Ci-dessous, Godard, Chabrol et Rivette à un meeting contre la censure en 1966 ; page de droite, images de *Loin du Vietnam* (1967, film pro-vietnamien de Godard, Ivens, Klein, Lelouch, Marker, Resnais et Varda) et De Gaulle en 1966.

certains fidèles à eux-mêmes jusqu'à l'immobilité, certains faisant retraite (sur des positions préparées à l'avance, comme on dit à l'armée). La guerre du Vietnam déconsidère l'Amérique et éloigne radicalement Godard du modèle hollywoodien. La jeunesse d'*À bout de souffle* et de *Bande à part* n'existe plus, celle de 1965 cesse de communiquer avec lui. La consommation envahit l'espace public de ses images et ses slogans, elle obnubile les consciences. La société, le paysage urbain changent à une vitesse folle. Bref, Godard ne trouve plus à qui parler. Entre-temps le pouvoir gaulliste se fige dans la répression et la censure, dont Godard est une cible privilégiée. Et sa réaction, avant d'être politique, est d'abord morale : de quel droit censure-t-on *Pierrot le fou* pour « anarchisme intellectuel et moral » quand on laisse toute la société plonger dans l'amoralité (« la civilisation du cul », dit Pierrot), la prostitution généralisée, réelle ou métaphorique, le salariat aliénant. Ce décalage entre l'ordre gaulliste et la réalité, entre les consciences et l'état des choses, entre les paroles et les actes, entre l'art et le monde est le premier moteur de sa révolte.

"Si ce n'était prodigieusement sinistre, ce serait prodigieusement beau et émouvant de voir un ministre UNR de 1966 avoir peur d'un esprit encyclopédique de 1789. Et je suis sûr, cher André Malraux, que vous ne comprendrez rien à cette lettre où je vous parle pour la dernière fois, submergé de haine... Comment donc pourriez-vous m'entendre, [...] moi qui vous téléphone de l'extérieur, d'un pays lointain, la France libre ?**"**

Lettre ouverte après l'interdiction de *La Religieuse*

... et l'action

Puisqu'il lui faut avancer coûte que coûte, c'est une rage froide qui l'aiguillonne, et le précipite hors de la sphère de l'art : parti d'une réflexion sur le cinéma qui est aussi une réflexion sur le monde, Godard inverse maintenant la proposition. Il change d'objet : ses prochains films, *Masculin / Féminin, Deux ou trois choses que je sais d'elle, Made in USA,*

La Chinoise, Week-end, et toutes ses œuvres des années 1970 seront autant d'états des lieux de la société moderne, autant de problématiques susceptibles de la comprendre, et d'agir sur elle. Il change également de méthode : il n'explore plus seulement une multitude de pistes esthétiques reliées entre elles ; il ouvre aussi un chantier, sur le long terme. Et cette période problématique, à tous les sens du terme, durera dix ans.

Partant d'une vision censément objective de l'état du monde, il prend aussi le risque considérable d'avoir tort, au moins factuellement. Le Godard sociologue pourra paraître superficiel, le Godard militant aveugle et sourd : Marina Vlady dans *Deux ou trois choses que je sais d'elle* n'a rien d'une ménagère de banlieue ; la révolution culturelle chinoise ne fut ni l'avenir de la Chine, ni l'avenir du monde, seulement une nouvelle péripétie sanglante de cet épouvantable XXe siècle. Mais l'action est à ce prix, et le parti inverse (le désespoir ou le renoncement) inenvisageable. En cela la position du futur Godard « engagé », malgré ses nombreux porte-à-faux, reste éminemment respectable.

Images ennemies

Mais par-delà l'intention, l'objet même de sa quête est d'une tout autre portée. Car à ses yeux l'image pollue la société moderne. Elle prolifère comme un parasite, s'interpose entre le monde et les consciences, entre l'œil et le réel. Instrument d'aliénation, l'image masque plus qu'elle ne montre. Il faudrait trouver de nouveaux rapports entre l'image, le son et le langage, capables de décrire et comprendre la réalité, au lieu de la masquer. Ainsi Godard entre-t-il désormais dans une réflexion sur la communication et le langage, dont il vérifiera en chemin la validité et l'importance, au point d'en faire un des enjeux principaux de son œuvre à venir. Bientôt cette réflexion critique, historique et

« 22h. Le seul film que j'aie vraiment envie de faire, je ne le ferai jamais parce qu'il est impossible. C'est un film sur l'amour, ou de l'amour, ou avec l'amour. Parler dans la bouche, toucher la poitrine, pour les femmes imaginer et voir le corps, le sexe de l'homme, caresser une épaule, choses aussi difficiles à montrer et à entendre que l'horreur, et la guerre, et la maladie. Je ne comprends pas pourquoi et j'en souffre. Que faire alors puisque je ne sais pas faire des films simples et logiques comme Roberto, humbles et cyniques comme Bresson, austères et comiques comme Jerry Lewis, lucides et calmes comme Hawks, rigoureux et tendres comme François, durs et plaintifs comme les deux Jacques, courageux et sincères comme Resnais, pessimistes et américains comme Fuller, romanesques et italiens comme Bertolucci, polonais et désespérés comme Skolimowski, communistes et cinglés comme Mme Dovjenko ? Oui, que faire ? **»**

3 000 heures de cinéma, journal inachevé, 1966

théorique le conduira à une définition extensive du cinéma, incluant la vidéo et la télévision, bref l'art du son et de l'image dans son entier. On divise souvent la carrière de Godard en trois périodes : ses quinze premiers longs métrages jusqu'à 1968 et *Week-end*, sa période militante, puis son « retour au cinéma » dans les années 1970. Cela se défend... Mais pour décrire un virage, mieux vaut suivre l'action au moment où le véhicule l'amorce, plutôt qu'au moment où il quitte la route...

Ci-dessus, le monde moderne selon Godard, tel qu'il le montrera bientôt dans *Deux ou trois choses que je sais d'elle* : cartésien, tout en angles, parcouru de slogans inarticulés, de mots mensongers. Un monde sans mémoire du passé, où l'activité humaine est sous la coupe d'une prostitution généralisée, où les sentiments sont frelatés, où les corps sont à vendre.

« Oisive jeunesse, à tout asservie... »

Si Godard ne change pas réellement de style après *Pierrot le fou*, il change, dans un premier temps, tout le reste. Un nouveau producteur, Anatole Dauman, celui de Resnais et Chris Marker. Une nouvelle équipe technique, sans Coutard. De nouveaux acteurs surtout. Comme il avait su utiliser dans *Alphaville* Eddie Constantine, archétype vivant du polar de série B, il engage pour *Masculin / Féminin* la chanteuse « yéyé » Chantal Goya (Madeleine), archétype de la « jeunesse d'aujourd'hui » comme on disait à l'époque, et Jean-Pierre Léaud (Paul), le Doisnel des *Quatre Cents Coups*, archétype d'une autre jeunesse, née avec et dans la Nouvelle Vague.

Comme dans les films précédents, les rôles sont distribués selon les genres : au masculin correspond la réflexion, mais aussi une certaine impuissance face aux événements ; au féminin l'action sans conscience, mais aussi, trait nouveau, sans émotion (et le regard porté sur les femmes est glacial).

Dans *Masculin / Féminin*, Madeleine (ci-dessus) semble venir d'une autre planète, alors que Paul (page de gauche, lisant *l'Humanité*) garde quelques traits des héros godardiens : un romantisme adolescent, en amour comme en politique ; un goût pour l'art et la culture, et surtout pour le cinéma ; des tics imités des stars de l'écran : lancer sa cigarette dans la bouche, ce qui rate une fois sur deux ; passer son doigt sur ses lèvres, imitant Belmondo dans *À bout de souffle*, comme ce dernier imitait Bogart. Une génération et cinq ans plus tard, voilà les vétérans de la Nouvelle Vague rangés chez les « classiques » !

Pourquoi les enfants de Marx et de Coca-Cola auraient-ils des enfants ? Dans un monde où l'on peut voir un homme sortir un couteau, attaquer Paul, puis se le planter dans le ventre. Où une femme tire sur

CE FILM
POURRAIT
S'APPELER

LES ENFANTS
DE MARX ET
DE COCA-COLA

COMPRENNE
QUI VOUDRA

Deux figures de la jeunesse, donc, l'une dérivée de la fiction cinématographique la plus récente (la Nouvelle Vague, et non plus Hollywood), l'autre tirée du réel, ou plutôt de « l'actualité » journalistique qui en tient lieu. Deux figures qui ne coïncident pas, qui ne communiquent pas.

Au deux tiers du film, ce carton célèbre : « Ce film pourrait s'appeler / Les Enfants de Marx et de Coca-Cola / Comprenne qui voudra ». Certes, Marx ne concerne guère les femmes du film, totalement immergées dans le consumérisme et la *pop culture*. La conscience politique (communiste tendance PCF) reste l'apanage des hommes. Mais Paul n'est pas exempt d'américanisme – fût-il cinéphilique –, ni de narcissisme, ni d'égoïsme ; dans sa quête aveugle d'amour et de tendresse, son indifférence à ce qui l'entoure n'est pas moins radicale que celle de Madeleine. À la cabine publique d'enregistrement – « mettez une pièce, et ressortez avec un disque » –, où Paul crie son amour pour Madeleine faute de pouvoir lui parler, correspond le studio où Madeleine enregistre ses mièvres chansons d'amour, sans voir Paul qui se plante devant son micro. Coca-Cola est leur mère à tous deux.

Godard n'a de cesse de signaler combien les paroles, les gestes, les intentions mentent, et contredisent les actes : pudibonderie et partouzes, discours militants récités comme une leçon,

son mari après une scène de ménage. Où un homme emprunte à Paul ses allumettes et part s'immoler par le feu. Ici la mort ne résout rien, ne signifie rien. Dans un commissariat, Madeleine, impassible et souriante, raconte comment Paul, qui devait emménager avec elle, est tombé accidentellement par la fenêtre. Gardera-t-elle l'enfant qu'elle attend de lui ? Elle ne sait pas. La vie ne signifie rien non plus.

sentimentalisme et indifférence. Jusqu'aux sondages d'opinion, toujours menteurs, puisqu'ils ne récoltent que des réponses conformistes. Ici la visée critique de Godard est dialectique – mais d'une dialectique contrariée : posant une série de conflits bipolaires (masculin / féminin, conscience / aliénation, etc.), il en trouble les contours. Ainsi la « jeunesse », objet avoué de son questionnement, apparaît-elle insituable, insaisissable, glissante comme du savon.

Deux ou trois choses que je sais d'elle

Sur la même lancée, avec le même producteur, Godard enfonce le clou et prend du champ... formulation paradoxale pour évoquer le double mouvement qui anime *Deux ou trois choses que je sais d'elle*. Comme l'annonce le générique, « Elle = la région parisienne », vue de haut, vue de Sirius (le point de vue du Micromégas de Voltaire sur le monde).

« Elle », c'est aussi Juliette / Marina Vlady, archétype et métonymie de cette région parisienne, comme Marianne représente la République dans nos mairies (elle en a le côté impassible et lointain).

Ce milieu urbain extrêmement composé a-t-il quelque rapport avec la réalité, ou à la vérité ? Godard le revendique hautement et explicitement. S'il se fonde sur une critique de la « société de consommation » qui est, en 1966, le pont aux ânes de l'intelligentsia, si sa perception des « masses » aliénées est pour le moins sommaire, s'il fonde son propos sur une analyse sociologique à l'emporte-pièce, sa position est celle du moraliste se penchant sur l'impureté du monde

Avec *Deux ou trois choses que je sais d'elle*, Godard semble avoir voulu renoncer à la fiction, ou du moins à la linéarité du récit. Dans son décor orthonormé, c'est un film circulaire, où les personnages tournent en rond. Ni Juliette (ci-contre) ni la région parisienne ne sont désormais des sujets agissants, mais des objets d'observation autour duquel tourne le regard du cinéaste. Au milieu du film, le gros plan d'une tasse de café dont la matière liquide emplit tout l'écran, les bulles tournant sur le fond noir du breuvage comme des galaxies, dit bien tout cela : ce point de vue « de Sirius », cette interrogation éthique et métaphysique, ce sujet qui est un objet à contempler. En voix *off*, Godard chuchote : « Puisque j'échoue sans cesse à communiquer, je veux dire à comprendre, à aimer, à me faire aimer, et que chaque échec me fait éprouver ma solitude, puisque je ne peux pas m'arracher, ni à l'objectivité qui m'écrase, ni à la subjectivité qui m'exile, puisqu'il ne m'est pas permis de m'élever jusqu'à l'être, ni de tomber dans le néant, il faut que j'écoute, il faut que je regarde autour de moi plus que jamais, le monde, mon semblable, mon frère. »

– à bonne distance –, s'interrogeant sur l'impureté fondamentale du cinéma, sommé de rendre compte de ce monde – « Je me regarde filmer, et on m'entend penser » –, s'impliquant physiquement dans l'œuvre, sa voix chuchotante dialoguant avec le monologue intérieur de Juliette, d'âme à âme. On croirait un dialogue de confessionnal – certes, Godard est protestant... mais il aime beaucoup Bresson !

L'enjeu du film semble bien d'amener à la conscience de Juliette (peine perdue), du spectateur et de la société en général ce péché mortel qu'est la prostitution universelle. « On aménage la région parisienne comme un grand bordel », déclare-t-il à la télévision. La mère de famille se prostitue pour assurer le confort matériel de son petit monde, le mari vend son travail, l'enfant grandit dans une crèche qui est aussi un bordel... Et la boucle est bouclée. À tous points de vue, c'est un film malheureux.

Made in USA : du Disney plus du sang

À mesure que se développe chez Godard sa volonté d'affirmation, s'accentue également son sens de la négation… Et si *Deux ou trois choses que je sais d'elle*, dans son projet monolithique, ne lui donne guère l'occasion de troubler le jeu, c'est sans doute au film suivant d'y porter la contradiction. L'objet, cette fois, n'y est plus le réel, mais la fiction. Film parallèle donc, faux jumeau plutôt, conçu en même temps, en annexe, comme ces notes en bas de page des romans de Nabokov qui contredisent totalement le corps du texte… « J'allais tourner *Deux ou trois choses* quand Beauregard m'a demandé si je ne pouvais pas lui faire un film très vite parce que ça lui permettrait de monter une production, d'avoir de l'argent. […] J'ai dit à Beauregard que j'allais voir dans une librairie si je trouvais un roman policier et que je lui donnerais ma réponse le lendemain. J'ai trouvé un policier de Robert Stack qui s'appelait *Rouge, blanc, bleu*. On a tourné les deux films à la suite, avec la même équipe. Il y a même des plans de l'un que j'ai mis dans l'autre […]. »

❝Dans *Le Désert rouge* [d'Antonioni, 1964], j'avais l'impression que les couleurs étaient non pas devant, mais dans la caméra. […] Je crois que je ne sais pas fabriquer un film de la sorte. Sauf que, peut-être, je commence à en avoir la tentation. Une tentation dont *Made in USA* a été la première manifestation. […] Ce qui m'a frappé, par exemple, c'est que Demy aime beaucoup *Made in USA*. […] Le film auquel *Made in USA* ressemble le plus, c'est *Les Parapluies de Cherbourg*. Les gens n'y chantent pas, mais le film, oui.❞

Ci-dessus, *Made in USA*, un film chanté, un monde inharmonieux…

« Il y a de plus en plus interférence de l'image et du langage. Et on peut dire à la limite que vivre en société aujourd'hui, c'est quasiment vivre dans une énorme bande dessinée. » Cette phrase que chuchote Godard dans *Deux ou trois choses que je sais d'elle* semble bien un commentaire de *Made in USA* – film politique, analyse et déconstruction critique de l'état des choses, telles que la société les montre. Film « contre ». Contre Hollywood, ses dogmes et ses codes : la transparence de la mise en scène, la continuité du récit, la vraisemblance, la possibilité d'identification aux personnages. C'est un vrai jeu de massacre, faussement naïf, drôle et méchant, « c'est-à-dire, du Walt Disney plus du sang » : plans asymétriques, planches de BD en insert, conversations ambiguës ou incompréhensibles, couvertes par le bruit de fond, phrases standard (« où suis-je ? », dit Paula / Karina quand elle revient à elle), bruitages décalés (un moteur d'avion sur l'image d'un taxi), bruits stridents (téléphone, Klaxon, avions) qui masquent les noms propres (un effet dont Tarantino se souviendra dans *Kill Bill*, un film tout aussi référentiel, à l'intrigue tout aussi mince)… Un film ludique, donc, agressif, voire iconoclaste, un film profondément ambigu où se mêlent lucidité, rage et nostalgie. Un film où Godard laisse à Karina le dernier mot : « Dans quelle tragédie de bazar me fais-tu de nouveau jouer le dernier rôle ? », avant de fermer définitivement la porte…

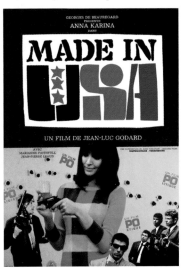

Et l'on retrouve Karina et le polar américain, pour la dernière fois, et la cinéphilie – *Made in USA* est dédié « À Nick et Samuel [Ray et Fuller], qui m'ont élevé dans le respect de l'image et du son ». Il y a une histoire politique comme dans *Le Petit Soldat*. Il y a un récit haché, incompréhensible comme *Le Grand Sommeil* (« Je compris très vite. Il fallait que cette affaire reste ténébreuse pour tout le monde »). Exit les couples godardiens : juste une héroïne solitaire, un « privé » au féminin enquêtant sur le meurtre de son homme (« Dick n'avait que moi, je vais le venger »).

Table rase : *La Chinoise*

« J'écoute la publicité sur mon transistor, et grâce à E-SS-O, je pars tranquille sur la route du rêve. Et j'oublie le reste. J'oublie Hiroshima, j'oublie Auschwitz, j'oublie Budapest, j'oublie le Vietnam, j'oublie le SMIG, j'oublie la crise du logement, j'oublie la famine aux Indes, j'ai tout oublié.

> Cinquante ans après la révolution d'Octobre, le cinéma américain règne sur le cinéma mondial. Il n'y a pas grand chose à ajouter à cet état de fait. Sauf qu'à notre échelon modeste, nous devons nous aussi créer deux ou trois Vietnams au sein de l'immense empire Hollywood - Cinecitta - Mosfilms - Pinewood - Etc. et, tant économiquement qu'esthétiquement, c'est à dire en luttant sur deux fronts, créer des cinémas nationaux. libres, frères, camarades et amis.

Jean-Luc Godard

Sauf que, puisqu'on me ramène à zéro, c'est de là qu'il faudra repartir. » Ces derniers mots de *Deux ou trois choses que je sais d'elle* donnent le programme de *La Chinoise*. Où l'on revient sur l'option « Robinson Crusoé » de *Pierrot le fou* : on s'isole dans une île déserte avec une compagnie choisie, on lit des livres et on refait le monde. Le film est d'ailleurs construit comme un livre. Les personnages y sont présentés les uns après les autres dans des portraits-conversations avec un interlocuteur invisible et à peine audible (on reconnaît la voix de Godard). Alternent des scènes où les personnages, en situation, exposent une thématique ou un propos donné : la guerre du Vietnam, la condition paysanne, la lutte sur deux fronts…

Où se situe donc Godard dans ce propos ? Ici et maintenant : il expose et il regarde. Dans un appartement bourgeois délaissé pour l'été, la fille de la maison, Véronique (Anne Wiazemsky), invite ses amis : son petit ami Guillaume Meister (Jean-Pierre Léaud), un acteur cherchant dans l'action militante l'avenir de sa pratique, Yvonne (Juliet Berto),

Ci-dessus, extrait du press-book de *La Chinoise*.

Anne Wiazemsky a « de la branche » : petite-fille de François Mauriac, fille d'un aristocrate russe blanc, actrice débutante choisie par Bresson pour le premier rôle de son film *Au hasard Balthazar* (page de droite), sur le tournage duquel Godard la rencontre l'été 1965. Il est alors trop « dans le vent » pour intéresser cette jeune femme de tête…

la bonne, ancienne paysanne qui persiste à briquer la maison et servir le café, Kirilov, le peintre nihiliste (son nom vient des *Démons* de Dostoïevski), Henry, le révisionniste de service… Véronique, pétrie de morgue et de certitudes, finira là où elle a commencé, dans l'appartement de ses parents. Yvonne accédera à la conscience militante, et ira tuer un officiel soviétique (plus un innocent). Henry, exclu de la cellule, rejoindra le militantisme classique du PCF, Kirilov, l'artiste en quête de vérité (un autre Pierrot le fou ? une tentation de Godard ?), se suicidera. Guillaume enfin, nommé Meister comme dans le roman de Goethe (*Les Années d'apprentissage de Wilhelm Meister*), trouvera sa voie dans le théâtre de rue, loin de la Comédie-Française, et aussi de cet appartement confiné. Pour tous, comme disent les derniers mots du film, « c'est le début d'une longue marche ».

On le voit, ce film didactique farci de citations de Mao est tout sauf simpliste. On a dit que *La Chinoise* annonçait Mai 68. « *La Chinoise*, c'était un film réformiste. Il montre mes défauts », dira Godard juste après Mai. « C'est un assez bon film, au sens où on dit : "c'est quelqu'un de bon" ou "c'est une bonne personne" », dira-t-il en 1981. En fait, il pourrait paraître plus prophétique encore : cet appartement exemplaire contient en germe tous les espoirs, les impasses et le destin ultérieur du maoïsme français : tournant en rond autour d'un mythique modèle chinois, ivre de phraséologie, jusqu'à ce que les bourgeois regagnent leurs pénates, les mieux armés intellectuellement changeant de pratique sans changer d'objectif (Guillaume dans le film, et plus tard Godard), les plus prolétaires (Yvonne) versant dans une lutte armée sans issue (le groupe Action directe des années 1970).

… Un an plus tard, Anne Wiazemsky découvre *Pierrot le fou* et *Masculin / Féminin*, et écrit en substance à Godard qu'elle aime tant ses films qu'elle est tombée amoureuse de leur auteur… Une nouvelle relation

Le plus surprenant mariage de l'année

Pourquoi François Mauriac a dit oui à Jean-Luc et Anne

« pygmalionesque » s'ensuit, Godard initiant Anne au cinéma, elle causant philosophie, matière qu'elle étudie à la fac de Nanterre. Par ce biais, Godard entre en contact avec une jeunesse bien différente de celle qu'il décrit dans *Masculin / Féminin* : des étudiants politiquement engagés, anarchistes, trotskystes, marxistes-léninistes, maoïstes, contestant l'ensemble du système social, et s'exprimant dans des multitudes de tracts, réunions et prises de parole.

À Nanterre, Godard rencontre, porté par une jeunesse intellectuelle représentant l'avenir du pays, un radicalisme actif faisant écho à ses propres préoccupations politiques et esthétiques, et une issue possible à l'isolement moral exprimé dans *Deux ou trois choses que je sais d'elle*. Il porte à ce gauchisme bouillonnant une attention d'abord distante et sympathique, qui se traduira quelques temps plus tard par un militantisme sincère et convaincu, tendance mao. *La Chinoise*, tourné au printemps 1967, se situe précisément sur le fil de ce revirement. Quelle différence entre les cartoons de *Made in USA* et l'iconographie en folie de *La Chinoise*? Imagerie communiste, références classiques, BD américaine, illustration documentaire de ce dont on parle, le statut de ces images est mouvant, parfois ambigu (Kant = Himmler?!). Cette iconographie foisonnante semble profiter de la niche écologique dégagée par l'envahissement du *Petit Livre rouge* (ci-contre): comme si les images remplaçaient le langage. Godard s'engagerait-il dans cette voie? Pour le moment, il s'engage au moins auprès d'Anne Wiazemsky, qu'il épouse à la fin du tournage.

Il faut « rendre visible, et non reproduire le visible », dit Kirilov l'artiste dans *La Chinoise* (une citation de Paul Klee). Le film en aurait-il su plus long que Godard lui-même ?

Week-end, la fin de cinéma

Si *La Chinoise* est un film « bon », *Week-end* est incontestablement un film méchant. Et sous plus d'un aspect, c'est un point final, comme l'annoncent les derniers cartons du film : « Fin de conte / Fin de cinéma ». Dernier film avant 68, le dernier à s'insérer dans le circuit commercial classique, avant que Godard ne disparaisse du paysage, ou du moins de l'avant-scène.

Le couple du film est aussi schématique, brutal et bestial que les personnages des *Carabiniers*. Cette fois pourtant, la parabole nous plonge dans le concret : la violence du film est à nu, elle est contemporaine, avec l'avidité et l'agression comme moteur et la voiture comme arme du crime. Si dans *Les Carabiniers* l'horreur est portée par le texte écrit, elle est ici dans l'image, surexposée : bourrades, morsures, coups de poing, coups de pied, coups de fusil, de pistolet, de mitraillette, de lance-pierre. C'est aussi le premier film de Godard où l'on voit du sang (de lapin) et non « du rouge ».

Une impasse, donc : « Fin de cinéma ». Vanité des vanités, Godard se paie le luxe de prouesses techniques épatantes, dont le plus long travelling de l'histoire du cinéma : trois cents mètres et sept minutes d'embouteillage, aboutissant sur un carambolage meurtrier. Car cette grosse farce est aussi un film apocalyptique jonché de cadavres anonymes, de carcasses, d'incendies, une guerre de tous contre tous où la société moderne semble se dévorer elle-même. Au sens propre, Corinne trouve finalement son mari défunt à son goût ; ses restes tout du moins ! On ne sait plus s'il faut vraiment en rire, mais on rit quand même.

Godard en Mai...

Mai 68 fut-il un coup de tonnerre dans un ciel serein ? *Le Monde* a pu titrer au début du printemps : « La France s'ennuie ». Godard, depuis quelque

❝ Les films disparaissent. Les livres, déjà, finissent par disparaître, mais les films ne durent même pas aussi longtemps. Dans deux cents ans, les nôtres n'existeront plus. [...] Donc, nous travaillons dans un art vraiment éphémère. À l'époque où je commençais à faire du cinéma, je pensais le cinéma en termes d'éternité. Maintenant, j'y pense vraiment comme à quelque chose d'éphémère. **❞**

Ci-dessous, l'apocalypse de *Week-end* – fin de conte, fin de cinéma...

temps, ne vit plus dans cette France-là. Il fréquente plutôt cette France groupusculaire, minoritaire, agissante, où s'élabore le détonateur des « événements ». Son 68 à lui commence peut-être en février, quand le pouvoir gaulliste évince brutalement de la Cinémathèque son fondateur

« Un film trouvé à la ferraille », annonce un des premiers cartons de *Week-end*. En guise de ferraille, Godard récupère des pièces et morceaux du cinéma commercial français, dit « populaire ». L'intrigue, linéaire, démarre comme un film d'Audiard ou de Gérard Oury : un couple uni par l'intérêt (chacun verrait bien l'autre mort) part en province capter l'héritage d'un père mourant (quitte à l'aider un peu), et le hasard s'en mêle… De quoi faire une bonne petite comédie à la française. Jean Yanne / Roland (ci-contre, au centre) peaufine ici cet emploi d'ignoble de service qu'il développera – au premier degré – chez Chabrol. Mireille Darc / Corinne préfigure son emploi de femme-objet par excellence du cinéma français des années 1970. Mais loin de tempérer les données de départ par un regard complaisant (« bon enfant »), Godard pousse ses personnages au bout de leur logique. Le français moyen gueulard est un assassin, sa bourgeoise, le modèle achevé de la putain. Leur week-end est un massacre. Ils volent des voitures, pillent les vêtements des morts, sans cesser d'appeler au secours ou à la police.

Henri Langlois, dont la gestion personnelle et passablement brouillonne agaçait la bureaucratie. Dès le lendemain, alors que le nouveau directeur saque l'équipe en place et change les serrures, la Cinémathèque est bombardée de télégrammes de réalisateurs du monde entier (Chaplin, Rossellini, Lang, Kurosawa, Jerry Lewis, aux côtés de Bresson, Resnais, Abel Gance…), interdisant à la « nouvelle » Cinémathèque de passer leurs films. La vieille garde de la Nouvelle Vague se serre les coudes : Truffaut, Chabrol, Rivette, et bien sûr Godard, qui appelle au sabotage en des termes d'une particulière virulence : lacérer les fauteuils avec des lames de rasoir, jeter de l'encre sur l'écran, bref rendre la Cinémathèque inutilisable. Lors de la manifestation qui s'ensuit (trois mille manifestants, trente cars de police, cinq télévisions étrangères, aucune télévision française), Jean Rouch appelle à une « révolution culturelle », Godard dirige les troupes

❝Grâce à Henri Langlois… Mon amitié et mon respect pour cet homme n'ont pas de mesure. On dira peut-être que j'exagère et provoque. À peine, je vous l'assure. Et j'enrage de voir quelquefois les misères que l'on fait à ce grand homme de cinéma, sans qui nous n'existerions pas plus que la peinture moderne sans Durand-Ruel ou Vollard.**❞**

Discours de Godard
à la Cinémathèque,
janvier 1966

COMITÉ DE DÉFENSE DE LA
CINÉMATHÈQUE FRANÇAISE

Président d'honneur
Jean Renoir
Président
Alain Resnais
Vice-présidents
Henri Alekan
Jean-Luc Godard
Secrétaires
Pierre Kast
Jacques Rivette
Trésoriers
François Truffaut
Jacques Doniol-Valcroze
Membres du bureau : J.-G. Albicocco, A. Astruc,
R. Barthes, R. Benayoun, C. Berri, Mag Bodard, R. Bresson,
M. Brion (de l'Académie Française), Ph. de Broca,
M. Carné, C. Chabrol, H. Chapier, H.-G. Clouzot,
Ph. Labro, J.-P. Le Chanois, C. Lelouch, C. Mauriac, J. Rouch

Le COMITÉ DE DÉFENSE DE LA CINÉMATHÈQUE FRANÇAISE se propose 1) de rétablir le fonctionnement normal de la Cinémathèque Française, 2) d'entreprendre toutes actions pour faire respecter l'intégrité de la Cinémathèque Française et sa liberté. Il poursuivra son activité au-delà de la réintégration de Henri Langlois dans ses fonctions de directeur artistique et technique, réintégration exigée par l'ensemble de la profession cinématographique et des spectateurs de la Cinémathèque Française.

BULLETIN D'ADHÉSION
Adresser toute la correspondance :
7, rue Rouget-de-l'Isle .. Paris-1er

NOM :
Prénoms :
Adresse :
Je souhaite devenir Membre du Co[...]
dont le siège social est à [...]
ci-joint, une cotisation de Francs [...]
afférente à la qualité de (*)
Membre Fondateur (à partir de) : 30[..]
Membre Bienfaiteur   50 [.]
Adhérent   5 F

NOUS VOULONS LANGLOIS

NOUS AIMONS LANGLOIS

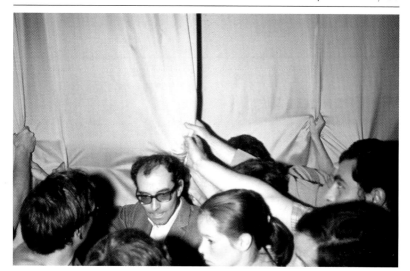

comme dans une scène d'action, la police lui casse ses lunettes (elles en verront d'autres dans trois mois). En avril (le temps de sauver la face) Malraux rétablit Langlois dans ses fonctions; mais il est trop tard pour désamorcer quoi que ce soit.

Réunis pour la première fois depuis dix ans sur un projet commun, les anciens de la Nouvelle Vague sabordent le Festival de Cannes, en solidarité avec les travailleurs et étudiants en lutte. Fin mai, après les « événements », alors que toute perspective révolutionnaire immédiate s'estompe devant le succès électoral de la droite, Godard radicalise encore ses propos et ses pratiques, adoptant pour lui-même les préconisations des États généraux du cinéma : bannir les notions d'auteur, d'art, d'œuvre, juger le cinéma à l'aune de son « utilité » politique, le mettre au service des luttes en cours, dissocier sa production et sa diffusion des circuits commerciaux habituels.

Comme les autres ?

Durant l'été, Godard tourne *Un film comme les autres*, titre particulièrement ironique pour cette conversation à bâtons rompus sur les événements de Mai, tournée en plein champ, en plans éloignés,

"Ceux qui veulent faire du bon cinéma représentent, à l'intérieur du cinéma, l'équivalent du tiers-monde : enfermés dans des contradictions totales, indépendants, mais recolonisés d'une autre manière, [...] et conduits soit à la surenchère, soit à l'agenouillement. [...] Le cinéma est devenu l'agit-prop du capitalisme. [...] Nous qui tâchons de faire des films autrement, nous devons être la cinquième colonne qui essaie de démolir le système.**"**
Godard aux *Cahiers*, octobre 1967

Page de gauche, Chabrol et Godard manifestant pour Langlois; ci-dessus, Godard fermant le rideau du Festival de Cannes en 1968.

Taxinomie gauchiste :
– *réformistes* : tous
les partis de la gauche,
travaillant à l'évolution
de la société par voie
démocratique
parlementaire ;
synonyme : *social-
démocrate* (insulte
mortelle) ;
– *révisionnistes* :
les Soviétiques
(et les communistes
européens), coupables
d'avoir détourné
la révolution de sa
pureté initiale.
– *marxistes-léninistes*
ou *maoïstes* : la
révolution dans sa
pureté initiale (Lénine
et non Staline).
Les maoïstes ajoutent
au modèle originel
celui de la Révolution
culturelle de Mao – le
mot « culturel » étant
compris dans un sens
occidental que n'a sans
doute pas l'original.
Posant les problèmes
politiques en termes
essentiellement moraux,
ils évitent ainsi d'y
aller voir de trop près.
Ainsi quand Godard
s'étonne que la Chine
nouvelle ne fasse plus
de cinéma, il oublie que
les cinéastes chinois
pataugent dans une
rizière avec un fusil dans
le dos, ou finissent tués
dans un fossé à coups de
pelle. Il dira plus tard :
« On avait raison, mais
on avait tort d'avoir
raison comme ça. »

Godard (ci-contre)
n'a rien filmé en 68 :
sa caméra n'avait pas
de pellicule !

avec du matériel de fortune. On n'y voit guère les protagonistes, étudiants de Nanterre et ouvriers de chez Renault, filmés le plus souvent de dos. L'intérêt de ce film austère se concentre donc, par défaut, sur les propos tenus (difficilement audibles), leurs impasses, hésitations et retours en arrière, auxquels des textes militants et de rares images d'archive sur les événements de Mai font contrepoint. Avec cet essai radical de « non-cinéma », Godard propose au spectateur une purge (pour son bien), délibérément impropre à la consommation passive. Emblématique des œuvres ultérieures de la période militante – considérablement plus plaisantes à voir –, ce film illustre un *a priori* godardien essentiel : on ne peut proposer des contenus révolutionnaires sans remettre en cause dans le même mouvement le langage (sons, images, textes) qui les transmet.

À propos de transmission : durant l'été, Godard achève son premier téléfilm, *Le Gai Savoir*, une commande de l'ORTF tournée l'hiver précédent – Mai 68, ses slogans et ses enjeux, s'interposant entre le tournage et le montage. La commande : une adaptation de *L'Émile* de Rousseau (sous-titre : *De l'éducation*). Godard n'en retiendra que l'intention : une éducation au son et à l'image libérée des cadres formels préexistants ; une déconstruction, une mise à plat, une remise en cause des éléments constitutifs de l'art audiovisuel.

Sympathy for M. Godard

Ce même été 1968, Godard passe aux travaux pratiques. Et puisque la France retombe à ses yeux dans l'apathie (l'ORTF refusant évidemment *Le Gai Savoir*),

"Les films de Mai partent d'un autre point de vue que les films commerciaux. Ils font partie du travail politique d'un individu. Ils ne sont pas vus comme un spectacle et ils ne peuvent donc pas être jugés comme tel. Bien qu'ils doivent être le mieux possible ; mais ce mieux possible est encore inconnu, il se dégagera peu à peu."
Godard, 1969

Ci-dessous, le final en apothéose de *One Plus One*.

l'essentiel de son activité se déploie maintenant à l'échelle internationale. L'Angleterre tout d'abord, pour un film en anglais construit en montage parallèle autour d'une répétition en studio des Rolling Stones, bâtissant pièce à pièce la chanson *Sympathy for the Devil*. *One Plus One* est le premier film rock de

Ci-dessus, les Black Panthers dans *One Plus One*; en bas, Mick Jagger en répétition.

Godard, encore qu'il ne l'ait peut-être pas prévu ainsi. Mais voilà, la chanson est une des meilleures du groupe, et Godard filme leur travail longuement, et particulièrement bien. Les autres inserts (difficile de dire quoi est inséré dans quoi en l'occurrence) sont loin d'être indifférents : des Black Panthers lisant des textes dans une casse de voitures, une jeune femme peignant des slogans cryptiques (« Sovietcong », « Freudemocracy », « Cinémarxism »), une librairie nazie remplie de magazines porno où le libraire lit *Mein Kampf* à haute voix, et finalement une grue de cinéma portant en apothéose le cadavre d'Anne Wiazemsky, et exhibant en plein vent les couleurs de l'anarchie (drapeau rouge et drapeau noir).

Mais la chanson des Stones, dont on entend des bribes dans les autres séquences, unifie à merveille ce disparate volontaire, portrait d'un univers explosé, par son rythme et son thème (le triomphe moderne du Diable). Mieux encore, Godard exploite la structure éclatée du studio pour créer un rapport dynamique entre le son et l'image : chaque musicien joue parfois dans son coin, coiffé d'un casque ; la caméra s'attarde sur chacun, ou passe lentement de l'un à l'autre en parcourant l'espace

À l'automne 1968, Godard part aux États-Unis filmer *One A. M.* (*One American Movie*), avec les documentaristes Leacock et Pennebaker, spécialistes d'un certain « cinéma vérité » fondé sur une confiance naïve en la grammaire hollywoodienne. Godard claque la porte au milieu du montage (qu'allait-il faire dans cette galère ?), Pennebaker achevant seul le film sous le titre *One P. M.* (*One Paralell Movie*). Godard aura failli faire un film américain !

vide, sans qu'on perde le fil musical. La dissociation critique du son et de l'image semble subvertie (un comble!) par le pouvoir unificateur du rock'n roll : mais comment empêcher le spectateur de taper du pied ?

Le groupe Dziga Vertov

Dix mois après Mai, Godard est déjà critique vis-à-vis de ses derniers films : pour lui *La Chinoise* est « réformiste », *Le Gai Savoir* aussi. *Un film comme les autres* « n'a pas été pensé juste ». Son propre effort théorique lui semble maintenant suspect, entaché d'auteurisme. Il doute maintenant de la nécessité même du cinéma : faut-il détruire le vieux monde par le cinéma, ou détruire le cinéma, reflet de ce monde ?

Il pense résoudre cette contradiction en s'associant. Jean-Pierre Gorin, un militant marxiste-léniniste rencontré à l'époque de *La Chinoise*, lui semble un bon candidat : « l'un désirant faire du cinéma, l'autre désirant le quitter », Godard imagine « une unité faite de deux contraires, selon le concept marxiste, [...] une nouvelle cellule qui essaie de faire politiquement du cinéma politique ». Par ailleurs, peu avant l'arrivée de Gorin, Godard crée le groupe Dziga Vertov, du nom du documentariste soviétique, auteur de *L'Homme à la caméra*, dont la théorie consistait « à ouvrir les yeux et à montrer le monde au nom de la dictature du prolétariat ». Sauf Godard et Gorin, des « permanents » en quelque sorte, les membres du groupe vont et viennent selon les projets.

Godard pense maintenant clairement le cinéma comme une arme, dont la justesse de conception (sinon la qualité d'usinage) garantit l'efficacité. Paradoxalement, il retrouve là, dans un contexte groupusculaire et fièrement minoritaire (« Si vous faites un million de copies d'un film marxiste-léniniste, vous obtenez *Autant en emporte le*

Tourné en février 1969 pour une télévision anglaise (qui, comme d'habitude, le refusera), *British Sounds* explore en six séquences autonomes les rapports possibles de l'image et du son, systématiquement dissociés. Ainsi l'une d'elles montre une femme nue qui monte un escalier, toute charge érotique étant désamorcée par le son : une femme citant des textes féministes, un homme lançant des slogans (« Érotisme prolétaire : chercher à aimer profondément une femme. Érotisme bourgeois : chercher à coucher avec le plus de femmes possible »). (Ci-dessus, dernière image de *British Sounds*.)

Page de droite, lectures, écriture, propagande, discussions : Godard et Gorin font œuvre militante.

❝C'est la production qui doit commander à la diffusion et à la consommation, c'est la révolution qui doit commander à l'économie. [...] Produire un film d'une manière juste, politiquement, cela doit nous donner ensuite une manière juste de le diffuser, politiquement. Pour filmer d'une manière

vent »), ce qui fut le cœur du militantisme culturel d'André Bazin : l'idée que de bons films font une société meilleure.

Objets visuels non identifiés

Que sont donc ces films « politiquement politiques » ? Des ovnis (« objets visuels non identifiés »), dira Gorin ; définitivement autre chose que des films, autre chose que des documentaires, dira Godard ; des tracts, et non plus des poèmes (« Pour expliquer le maniement d'un fusil, on peut faire un poème ou un tract. Mais c'est souvent plus

efficace de faire un tract »). Tracts ou poèmes, tous ces films « vertoviens » constituent un discours, une lutte continue, l'approfondissement d'un même questionnement (« trouver des formes nouvelles pour un contenu nouveau »). Cette association aura surtout la vertu de permettre à Godard de continuer sur sa lancée, de lui permettre de dire : « Je ne suis pas parti, je suis resté, je ne fais pas autre chose, mais je fais la même chose autrement. »

Les dernières images de *British Sounds*, premier film du groupe, donnent le ton : une main sanglante (pas « du rouge », du sang ; celui de Godard d'ailleurs)

politiquement juste, il faut se lier aux gens dont on pense qu'ils sont politiquement justes. C'est-à-dire ceux qui sont opprimés, qui subissent la répression et qui combattent cette répression. Et se mettre à leur service. Apprendre en même temps que leur apprendre.**❞**

Godard, 1970

saisissant un drapeau rouge, un poing fermé qui traverse à plusieurs reprises un drapeau anglais en carton. Quant au titre, « *British ~~Image~~ Sound* », il explicite l'enjeu : « La lutte des classes est aussi la lutte d'un son contre une image. »

CE N'EST PAS UNE IMAGE JUSTE, C'EST JUSTE UNE IMAGE

Filmer politiquement

Tourné en Tchécoslovaquie au printemps 1969, six mois après l'entrée des chars russes à Prague, *Pravda* – titre de l'organe officiel du PC soviétique ; « vérité » en russe comme en tchèque, soit la question centrale du film – tire à boulets rouges et tous azimuts, autant sur la « normalisation » soviétique que sur le « révisionnisme » du Printemps de Prague. Godard / Dziga Vertov s'empare ici de la forme du documentaire télévisé pour le miner de toutes les façons possibles (quelques bons gags, telle cette conversation entre

Le tournage de *Vent d'Est* vire au pugilat politique, anarchistes (Cohn-Bendit, ci-dessus) contre maoïstes, d'autant que le film doit être conçu « démocratiquement », en assemblée générale. Finalement, Godard et Gorin organisent un putsch pour sauver le film (page de droite, images et cartons).

deux travailleurs tchèques où, en lieu
et place du doublage attendu,
on entend : « Si vous ne savez pas
le tchèque, vous feriez mieux
d'apprendre vite ».)

Des cinq films « vertoviens » de
Godard, *Vent d'Est* est le plus connu,
et sans doute le plus expérimental,
quoi qu'il ait été conçu à l'origine
comme un « western de gauche » avec
Gian Maria Volonte (star du western
spaghetti et du cinéma politique
italien) et Daniel Cohn-Bendit au
scénario – bonne astuce pour vendre
un film d'ultra-gauche à la RAI
italienne. On y trouve de longues
discussions sur le cinéma et l'image,
un travail du son très élaboré, des
cartons improvisés pendant les pauses,
dont le très fameux slogan : « Ce n'est
pas une image juste, c'est juste une
image ». Et c'est un film souvent drôle.

Pendant l'hiver 1969, le groupe
Godard / Gorin / Dziga Vertov tourne
cette fois un film ascétique, concentré,
désagréable, qui enfonce toutefois
le même clou que les trois films
précédents. *Luttes en Italie* confronte
une jeune femme d'origine bourgeoise,

tentée par les idées révolutionnaires, à ses propres
contradictions. Le processus « autocritique », pesant,
se déploie en trois étapes, dans la souffrance et
la pénitence, vers une plus grande pureté théorique,
une parfaite conscience des rapports de classe,
une expression plus juste de la « vérité » : au début
c'est le personnage qui parle, à la fin c'est l'actrice
qui lance des mots d'ordre « de travail et de lutte »,
et dénonce la RAI, outil de l'appareil d'État
bourgeois (qui refusera le film).

La vérité est ailleurs

Luttes en Italie est tourné à Paris ; les luttes réelles
sont ailleurs : en Jordanie, par exemple, où le groupe

""Il y a […] ce que
nous appelons les films
« tableau noir », et les
films « *Internationale* »,
celui-ci qui équivaut à
chanter *L'Internationale*
dans une manif, l'autre
qui permet à quelqu'un
d'appliquer dans la
réalité ce qu'il vient
de voir, ou d'aller le
réécrire sur un autre
tableau noir pour que
d'autres puissent
l'appliquer aussi.""

(en l'occurrence Godard et Gorin) accepte une commande de la Ligue arabe pour filmer le bouillonnement de la révolution palestinienne et l'éventuel renversement du roi, prélude à la reconquête de la Palestine occupée. L'enjeu : ne plus se contenter de collecter des images (*Pravda*) ou de simuler des luttes (*Luttes en Italie*) ; effectuer un « montage au moment du tournage », aller au cœur de l'action et saisir ses principes au vol, fût-ce au cœur d'une révolution nationaliste.

Mais il est difficile de trouver un juste rapport du son et de l'image quand on ne comprend pas l'arabe. Confrontés à des discours interminables que l'interprète traduit en cinq mots seulement : « nous lutterons jusqu'à la victoire » (ce sera le titre du film), perdus dans les complexités (doctrinaires et autres) des factions palestiniennes, atterrés par les massacres du Septembre noir lancés préventivement par le roi Hussein, Godard et Gorin abandonnent finalement le projet – les rushes serviront plus tard.

Tout va bien ?

Le fiasco provisoire de l'épisode palestinien comme l'impossibilité de recruter du sang neuf pour le groupe en cette période de reflux du gauchisme portent donc Godard et Gorin à dissoudre en silence le groupe Dziga Vertov, comme se dissout au même moment le couple Godard / Wiazemsky – la jalousie maladive de Godard y étant pour beaucoup, et peut-être aussi le machisme de ces gauchistes vis-à-vis de « leurs femmes ». Et puis, est-il tenable de faire des films « tableau noir » que personne ne lit, des œuvres que personne ne voit, des recherches dont personne ne profite ?

Quand critiques et acteurs du cinéma « visible » apprennent que l'auteur de *Pierrot le fou* s'apprête à faire de nouveau un film commercial, c'est en parfaite inconscience de l'activité fébrile de Godard ces trois dernières années. Ils seront passablement surpris. Car malgré son budget, sa coproduction franco-américaine et ses deux stars, *Tout va bien* (titre aussi ironique qu'*Un film comme les autres*) ne transige pas avec les principes : comme si Godard et Gorin appliquaient à eux-mêmes les expérimentations du groupe Dziga Vertov, comme si faute de pouvoir expérimenter encore au profit des autres, ils relisaient leur propre « tableau noir » (« j'ai longtemps fait les films des autres plutôt que les miens, j'ai fait les films qu'ils ne faisaient pas et qu'ils auraient faits mieux que moi »).

Pour noircir encore le tableau, le 9 juin 1971, Godard et sa monteuse ont un très grave accident de motocyclette. Écrasé par les roues avant d'un bus, Godard a une fracture du crâne et du bassin. Il restera une nuit entre la vie et la mort, six jours dans le coma, et plusieurs mois à l'hôpital : sa seule période d'inaction depuis ses débuts. « Ça m'a fait du bien, dira-t-il plus tard, c'était une période nécessaire, et que je souhaitais, sûrement. Être pris en charge. »

Pour financer et achever le film palestinien (photogrammes page de gauche en bas), Godard et Gorin (ci-dessous) acceptent une commande de la télévision allemande, un film sur les « Sept de Chicago », des militants américains accusés de « conspiration en vue de provoquer une émeute », qui se servirent de leur procès comme d'une tribune et un *happening* politico-comique permanent. Film opportuniste, moment de détente truffé de gags, inspiré par Méliès et la commedia dell'arte, *Vladimir et Rosa* est aussi un retour à la fiction, prélude à ce qui va suivre. Le groupe Dziga Vertov ne s'en remettra pas. (Page de gauche, en haut, *Luttes en Italie*.)

L'heure des comptes

Mais pour l'instant, le film en cours n'attend pas.
Entre les séances de rééducation (qui dureront deux
ans) et de brefs séjours à l'hôpital, Godard et Gorin
achèvent *Tout va bien*, qu'on peut lire comme un
film-bilan, à la tonalité particulièrement sombre.
Film sur « la France de 1968 à 1972 », *Tout va bien*
est en deux parties, encadrées par une histoire
d'amour, elle-même encadrée par un discours
resituant politiquement l'acte cinématographique.
Dans la première partie, « Lui » / Yves Montand et
Suzanne / Jane Fonda visitent une usine et se font
séquestrer avec le patron. Dans la seconde, chacun
réfléchit à ce qu'il a vu, à sa vie et à son passé ;
et du coup le couple se sépare, politiquement et
physiquement. L'histoire d'amour aura l'avant-
dernier mot, le couple se reformant (se réformant ?)
à la fin. Si le discours politique traverse l'ensemble
du film – il en est l'enjeu explicite –, la phraséologie
maoïste se fait discrète. Il est significatif que
le film soit en deux parties et non en trois : après
l'exposition et la réflexion, manque ici l'étape
classique de la synthèse, celle de l'affirmation
militante, qui n'est qu'esquissée en ouverture et
en conclusion. Le compte n'y est pas (« C'était un
conte pour ceux qui n'en tiennent aucun », dit le
carton final)… Comme si cette synthèse n'était plus
possible dans l'ici et maintenant, comme si elle se
situait maintenant dans le passé de Godard. Malgré
sa conclusion, le film paraît suspendu. Serait-ce
un film « *Internationale* » plutôt qu'un film
« tableau noir » ? Dans ce cas on y chanterait plutôt
« Adieu, camarades, adieu ».

Durant l'été 1971,
sur son lit d'hôpital,
peut-être Godard fait-il
le bilan de ses années
militantes, telles qu'il
les formulera plus tard :
« J'en ai le souvenir
d'une période
d'absence mais qui a
duré si longtemps
que je me demande
comment j'ai pu passer
dix ans comme ça.
C'est comme de
creuser un sol quand le
pétrole ne vient jamais
et que les amis vous
disent : "Arrête de
creuser, tu vois bien
que ça ne vient pas". »
Amertume, déception,
désillusion quant à
ceux qui l'entourent :
« en général ils avaient
tous un papa et une
maman quand ça
n'allait pas. À Noël
je me retrouvais encore
plus seul car ils
allaient tous dans
leur famille. […] J'ai
découvert aussi que
c'étaient des enfants
de bourgeois qui ne
venaient pas de là
où ils disaient venir.
Ils avaient envie
de faire du cinéma,
d'avoir la gloire, d'être
metteurs en scène,
de signer un film. »

Les choses semblent maintenant se clore d'elles-mêmes. Après *A Letter to Jane*, brillantissime et cruelle analyse d'une photo de Jane Fonda au Vietnam, le tandem monte une nouvelle société de production (Tout Va Très Bien), dont Gorin est le représentant légal. Ce dernier se lance dans un film personnel qu'il ne peut maîtriser, et prend littéralement la fuite aux États-Unis, laissant l'entreprise en état de faillite frauduleuse. Godard lui en voudra beaucoup, non pas de sa décision, mais plutôt d'être parti sans prendre la peine de « vider les cendriers » (payer les impôts, notamment).

Dans *Tout va bien*, deux réalités compartimentées : la société française traditionnelle, commerçante, paysanne, ouvrière et bourgeoise, qui pose comme pour la photo (ci-dessus) ; patron et visiteurs séquestrés, grévistes et cadres dans le décor cloisonné de l'usine (ci-dessous).

ON A RAISON DE SEC
GRÈVE

« C'est la phrase de Fernand Braudel : deux histoires nous accompagnent : l'Histoire qui s'approche de nous à pas précipités et une autre qui nous accompagne à pas lents. Les pas précipités, c'est terminé : je suis entré dans l'histoire à pas lents. »

Entretien avec Alain Bergala,
octobre-décembre 1997

CHAPITRE 4

SAUVE QUI PEUT (LE CINÉMA) 1972-2006

"Il n'y a que maintenant que [...] je peux faire mes films [ci-contre, image de la joie dans *Nouvelle Vague*] plutôt que ceux des autres. Car j'ai longtemps fait les films des autres plutôt que les miens, j'ai fait les films qu'ils ne faisaient pas et qu'ils auraient faits mieux que moi.**"** [À gauche, Godard à Canal + et sur Arte, avec Marguerite Duras (de dos).]

Godard dira que son accident représente « la fin logique de 68 ». Quel profit cet artiste chez qui la pensée et l'action se relaient jusqu'à se confondre aura-t-il donc tiré de cette phase de repos et de méditation forcée ? Outre la douleur de sa condition, la conscience aiguë de son isolement, un bilan sans concession des illusions de 68, peut-être aura-t-il envisagé, depuis son lit d'hôpital, un nouveau départ, opérant en une dialectique qui semble presque trop belle la synthèse des deux précédentes époques de sa vie, esthétique et politique, auteuriste et militante – synthèse possible dans la mesure où la première fut constamment traversée par le politique, et la seconde par les enjeux esthétiques.

Que ce retour sur soi se situe là ou un peu plus tard, il est clair que Godard entreprend à cette époque une recherche de longue haleine, qu'il poursuivra jusqu'au-delà des années 2000. Son cheminement, plus lent, est également intellectuellement plus aventureux (si possible). Ruminés plutôt qu'assénés, ses films sont également plus complexes, mais moins compliqués : Godard aura tendance à empiler moins de thèmes parallèles dans l'espace d'un seul film, préférant approfondir plutôt que de couvrir du terrain. Il renonce également à l'ivresse de la vitesse acquise, au risque de finir dans le mur, ce qui lui est tout de même arrivé à deux reprises.

La compagne

Fait exceptionnel dans sa carrière, Godard passera deux longues années, de 1972 à 1974, sans faire de film. Car pour la seconde fois de sa vie, Godard doit reconstruire sa « maison-cinéma », non pas à partir de rien (les acquis sont même impressionnants), mais en tout cas depuis les fondations. Au moment de la défection de Gorin, un nouveau personnage est prêt à entrer en scène – pour ne plus la quitter. Amie, complice, collègue, compagne, Anne-Marie Miéville rencontre Godard sur le tournage de *Tout va bien*, dont elle assure la photographie de plateau. Alliance endogame : Anne-Marie Miéville est une Suissesse de Lausanne.

Après *Tout va bien*, Godard envisageait un *Moi, Je*. Comme si, malgré sa méfiance de toujours envers le cartésianisme, il reprenait le solipsisme des *Méditations* : revenir à soi pour tout reconstruire du début. Mais contrairement à Descartes isolé dans son « poêle », ou à Montaigne dans son « arrière-boutique », Godard ne se coupe pas du monde. Il s'emploie même à le peupler.

Association étroite faite d'interminables conversations, de lettres (Godard lui écrira tous les jours) et surtout de projets communs. Réalisatrice elle-même, photographe de plateau, coauteur, scénariste ou coscénariste, coréalisatrice auprès de Godard, Anne-Marie Miéville met la main à tous ses projets, sans négliger les siens propres, et sans qu'il soit toujours possible (ou utile) de déterminer qui apporte quoi – on lui doit sans doute l'orientation consciemment féministe des films ultérieurs. Avec elle, Godard trouve ce qu'il n'avait pas trouvé auprès de Karina ou Wiazemsky : un pair, une relation authentiquement réciproque sur le plan de la création.

«J'étais dans le cinéma. Je me suis aperçu après qu'il fallait aussi être quelque part. [Après 68], j'ai cru trouver un quelque part, et j'ai vu que les gens étaient encore plus nulle part. Après, c'est la rencontre avec Anne-Marie Miéville, qui, elle, avait besoin d'être quelque part, et qui m'a fait bouger.**»** [Ci-dessous, Godard avec Anne-Marie Miéville, en photographe de plateau.]

La vidéo, ici et ailleurs

Il s'attelle d'abord avec Anne-Marie Miéville
au très long travail de reconstruction d'un
film en miettes, *Ici et ailleurs*, celui qui
devait s'appeler *Jusqu'à la victoire*. Durant
son élaboration, Godard et Miéville
prennent auprès de Willy Lubtchansky des
cours de vidéo. Ils découvrent là de toutes
nouvelles méthodes : un travail qui
s'exécute à la vitesse de la pensée, où le
résultat est immédiatement visible, sans
devoir tirer le film, donc sans intermédiaire
entre soi et l'image. La vidéo implique aussi
une toute nouvelle conception du montage :
« La vidéo m'a appris à voir le cinéma et à
repenser le travail du cinéma d'une autre
manière. Avec la vidéo on revient à des
éléments plus simples. En particulier avoir
le son et l'image ensemble. » Godard
retrouve ainsi un des impératifs des années
Vertov : penser le montage au moment du
tournage. Surtout, la vidéo permet à
l'auteur, avec un capital initial modeste,
de contrôler l'ensemble de la chaîne de
production d'un film. Elle le transforme en
artisan, modeste, mais libre. Et Godard aura usage
de cette liberté-là. Car son outil, la vidéo, est en
phase avec le sujet d'investigation qu'il se choisit :
la communication.

De Palestine, restent
ces images « d'ailleurs ».
Pour faire sens, il faut
les confronter à
d'autres images, des
images d'ici : une
famille « enchaînée »
aux chaînes télévisées
et leur flux perpétuel,
du sport, « du cul », de
la politique (ci-dessus).
C'est ici qu'il faut
commencer. Car
« toute image de la vie
quotidienne fait partie
d'un système complexe
dans lequel le monde
entier entre et sort
à chaque instant ».

Le nouvel atelier, qui est aussi une petite structure
de production *ad hoc*, s'installe donc courant 1974
à Grenoble, loin de Paris, non loin de la Suisse.
C'est Sonimage (lire « le son et l'image », mais aussi
« son image » – la sienne – ou encore « à son image »).
L'objet de Sonimage variera avec le temps, mais non
sa raison d'être : fournir à Godard et à sa compagne
(elle pense et fait vivre le dispositif avec lui) un
moyen autonome de création. Autonome, cela veut
dire indépendant ; cela signifie aussi et surtout
« qui se donne à soi-même ses propres lois ».
Car si Godard pourra se vanter dans les années 1990
d'être le seul cinéaste au monde capable de tourner

ce qu'il veut au moment où il le veut, c'est grâce au dispositif mis au point dans ces années : une chaîne de production complète, vidéo, puis cinéma ; un système de réinvestissement systématique, où tout argent réuni pour la production d'un film paie aussi en partie l'équipement de Sonimage (« Un film qui coûte quatre millions peut se faire avec trois. À ce moment-là on peut investir un million de matériel, ce qui est énorme »).

Déçus par Grenoble, Godard et Miéville décident fin 1977 de rentrer chez eux, en Suisse, et de reconstituer leur atelier à Rolle, au bord du lac Léman, juste en face d'Anthy, la maison de famille de la mère de Godard. Ils y sont toujours.

À Rolle, Godard retrouve les paysages de sa jeunesse, et les sentiments mêlés que la Suisse lui inspire : « Quitte à être à l'étranger, autant l'être vraiment. La Suisse, c'est l'Israël de l'Europe. Quitte à être exilé, autant être exilé chez soi. » (Ci-dessous, incrustations vidéo dans *Ici et ailleurs* ; à gauche, cahier de mixage son [*Puissance de la parole*, 1988], à en-tête de Sonimage.)

Un re-commencement

Godard propose courant 1975 à Georges de Beauregard, son producteur des années Nouvelle Vague, de re-tourner *À bout de souffle*, son opus 1, pour le même budget qu'à l'époque – les coûts de production ayant

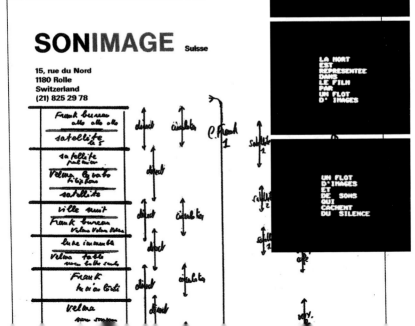

quadruplé entre-
temps. *Numéro deux*
(*À bout de souffle*
n° 2, donc) n'est ni une
suite, ni un remake.
C'est un nouveau

– à mon avis, papa c'est une usine.

– à mon avis, maman c'est un paysage.

« premier film », une nouvelle manière de relancer
les dés, aussi loin que possible des genres et des
tares du cinéma traditionnel (et aux antipodes du
modèle affiché) : acteurs non professionnels, cinéma
et vidéo mêlés, sujet politique et quotidien,
réflexion sur l'image et la communication. Dans les
séquences initiales et finales du film, en 35 mm,
on voit Godard présenter son instrument de travail,
à la fois ouvrier et maître des lieux, au milieu de
son matériel vidéo, seulement éclairé par plusieurs
moniteurs allumés. On y voit passer des images,
publicités, matchs de foot, pornographie, avant que
les moniteurs n'occupent tout l'écran et ne laissent
la place au sujet n° 2, la vie privée d'un couple
moyen des années 1970, filmée en vidéo, disséquée
avec tout le raffinement et les tortures visuelles
que cette technologie permet : *split-screens*,

"La vidéo, l'utiliser
comme quelqu'un
de cinéma et utiliser
le cinéma comme
quelqu'un de télévision,
c'est faire une
télévision qui n'existe
pas, un cinéma qui
n'existe plus. Les gens
de cinéma refusent
absolument la vidéo.
L'avantage, pourtant,
c'est que l'image que
l'on fait, on la voit avant
de la faire [...]. Si je n'ai
rien avec cette image,
je peux vous montrer
mon angoisse et vous
n'avez rien à dire.**"**
[Ci-dessus,
Numéro deux.]

incrustations de texte, superpositions d'image. Un couple enfermé dans l'espace domestique, dans sa sexualité « libérée », crument exposée mais impitoyablement contenue dans ses propres limites, la femme obsédée par ses problèmes de constipation, métaphore de tout le film. Un film coincé, une vie qui ne passe pas.

Comment ça va ?

Avec *Comment ça va ?*, tourné dans la foulée, Godard enfonce le clou. À travers une intrigue assez lâche (un père rencontre une femme et en parle à son fils), il nous livre un pamphlet sur la communication et l'information de masse (« ordures de journalistes ! »). Ici le ton change par rapport à la période militante, sur des intentions au fond similaires. Le discours n'est plus didactique et assené, mais pédagogique, patient, familier. C'est une politique et une morale du regard : quand nous voyons des images, nous ne voyons pas le regard qui les a fabriquées, ce point de vue qui dirige notre vision. La caméra et le travail vidéo sont ici à la tâche pour mettre en évidence ce regard-là, pour rééduquer notre propre regard, et lui rendre la main. C'est un film, comme l'annoncent les dernières incrustations vidéo, où tout se passe entre l'acteur et le spectateur, « entre l'actif et le

passif ». Comment agir ? Quel est notre passif ? Toujours les mêmes questions.

Une télévision qui n'existe pas

Les premiers éléments de réponse, pour l'heure, Godard les cherche à la télévision. Sa méthode, on l'a vu : regarder autour de soi. Ainsi « l'on commence à voir des éléments de société, des femmes, des hommes, des enfants, du travail, de la cuisine, des vieux, de la solitude, tout ça à des cadences quotidiennes ». En scrutant les gestes

Revenir en Suisse, c'est vivre écartelé entre les deux rives du Léman, suisse et française – celle du père, celle de la mère. D'où, peut-être, la présence du lac dans l'œuvre ultérieure, et la fascination de Godard pour les oppositions binaires (homme / femme, terre / eau). Désormais, Godard pourra traquer les paradoxes qui le fascinent en lui-même comme dans le monde extérieur, puisque désormais, l'un et l'autre coïncident. En d'autres termes, « il ne s'agit pas tellement de faire un film plutôt qu'un autre, mais de faire les films possibles là où on est. Pour regarder là où on est, il faut commencer par regarder autour de soi ». Regarder autour de soi, c'est aussi, simultanément, regarder en soi – et pour ce faire, autant être chez soi (ci-dessus, *Comment ça va ?*).

quotidiens, en épousant leur rythme, leur cadence propre, il fait évoluer son langage. En un sens, il revient à une conception très bazinienne du réel comme source de richesse et de vérité, réel que le langage et l'image savent si bien trahir, à moins qu'on y consacre la plus grande vigilance et les plus grands efforts.

Cette quête est aussi celle d'une vérité commune à tous, donc d'un dialogue possible avec le public. Tel est le sujet des deux séries télévisées que Godard et Miéville tournent entre 1976 et 1978 : *Six Fois deux (sur et sous la communication)* et *France / Tour / Détour / Deux Enfants*. Ici, Godard travaille non plus contre, mais « pour » la télévision – une télévision « qui n'existe pas ». Autrement dit, Godard pense délibérément télévision, et non plus cinéma ; il fonctionne « comme un directeur de chaîne, c'est-à-dire en faisant une grille de programmes ». Ses « émissions » sont conçues pour s'insérer dans le flux hétérogène et continu des émissions de la journée, pour en casser le rythme frénétique et abrutissant, et proposer un autre pas, une autre démarche : celle de la réflexion, de la concentration.

Ci dessus, *Six Fois deux (sur et sous la communication)* ; ci-dessous, *France / Tour / Détour / Deux Enfants.*

Aurait-il mieux valu que ces films fussent refusés, comme tous les précédents téléfilms de Godard ? *Six Fois deux*, prévu et pensé pour le *prime time*, est relégué aux heures creuses du mois d'août. Pis, les douze épisodes de *France / Tour / Détour...* sont programmés en trois paquets de quatre au « Ciné-club » d'Antenne 2, une émission réservée aux cinéphiles insomniaques. À quoi bon s'intéresser à la télévision si celle-ci ne joue pas le jeu ? Ne vaut-il pas mieux réinvestir un domaine où les conditions de diffusion sont à peu près contrôlables, où la résistance est possible ?

Sur la suggestion d'Anne-Marie Miéville, Godard songe à délaisser le combat télévisuel pour une retraite en ordre, vers des positions préparées

à l'avance. C'est le fameux « retour » de Godard au cinéma.

Sauve qui peut (Godard revient)

Sauve qui peut (la vie) : tout est dans ce double titre, qu'il a mis longtemps à trouver : « Mettre un double titre, c'était aussi créer un effet de troisième titre à naître, chacun pouvant faire son montage un peu comme il veut en lui donnant des indications assez précises et un peu souples, un peu contradictoires aussi. Je pense qu'effectivement tout le film, et tout mon cinéma, est un peu contenu là-dedans. Le cinéma, ce n'est pas une image après une autre, c'est une image plus une autre qui en forment une troisième, la troisième étant du reste formée par le spectateur au moment où il voit le film. » Le mystère, la qualité et les pouvoirs de cette troisième image sont effectivement au cœur du film. Cette invitation pour chaque spectateur à faire son propre montage en constitue aussi le mode d'emploi (valable également pour les films à venir).

Le projet est tout sauf formaliste : le film « parle » effectivement de sujets concrets. Il y a Paul Godard (Jacques Dutronc), un réalisateur qui porte le nom du père de Jean-Luc, sa maîtresse Denise (Nathalie Baye), qui le quitte, une prostituée (Isabelle (Huppert),

France / Tour / Détour / Deux Enfants est constitué de douze films de 26 minutes exposant la journée de deux enfants du matin au soir, cadrée par des contraintes de temps. Godard dégage les rythmes obligés qui les conditionnent, rendant impraticable toute communication véritable (« les enfants sont des prisonniers politiques »).

La question du temps, du rythme, est ici centrale, comme l'usage systématique et conscient de la décomposition du mouvement. Cette capacité révélatrice de la vidéo libère les gestes quotidiens des rythmes dans lesquels on les enferme, et montre autre chose : une grâce, un abandon, une incertitude, bref une part irréductible d'humanité.

QUAND LA GAUCHE AURA LE POUVOIR EST-CE QUE LA TELEVISION AURA TOUJOURS AUSSI PEU DE RAPPORT AVEC LES GENS ?

qui vit dans la même ville, mais non la même vie. Clairement, l'opposition masculin / féminin est un des axes du film. Par misanthropie, lucidité ou masochisme, Godard y présente l'homme comme un être brutal et veule, égoïste et agressif. Avide d'humilier la femme pour cacher ses propres insuffisances, il se montre incapable d'aimer ou de concevoir un désir sans violence, qui ne soit pas machinal, obsessionnel et grotesque. L'humanité, la liberté et l'amour – la vie en somme – sont clairement du côté de la femme, et seules les femmes voient leurs gestes détaillés par la grâce de la décomposition du mouvement : elles seules sont dignes d'une telle attention.

Godard orchestre avec soin sa réapparition dans le monde. Conscient que son image publique alimente son cinéma – au sens premier, financier, du terme –, il multiplie les interviews, les apparitions télévisées, les séances photo, organise une présentation à Cannes et un lancement aux États-Unis, bref il donne de sa personne. Mais toujours il revient

❝Quelque chose dans le corps et dans le tête s'arc-boute contre la répétition et le néant. La vie. Un geste plus rapide... un bras... qui retombe... à contretemps. Une bouffée... d'irrégularité. Cette maladresse, ce déplacement superflu, cette accélération soudaine, cette main qui s'y reprend à deux fois, cette grimace, ce décrochage, c'est la vie qui s'accroche. Tout ce qui en chacun des hommes de la chaîne hurle silencieusement : « Je ne suis pas une machine ».**❞**

Denise, dans *Sauve qui peut (La Vie)* [Ci-dessus, Paul Godard / Jacques Dutronc.]

à Rolle, son camp de base,
le centre de son travail, donc
de sa vie. Rolle est le lieu
d'une production incessante,
de courts métrages et de vidéos
de commande ou
d'opportunité, qu'on pourrait
dire nés de la volonté de ne
jamais cesser de filmer,
comme un pianiste ou un
danseur doit travailler tous
les jours sans répit.

Une trilogie (?)

De cet ensemble se détachent
trois films particulièrement
ambitieux, réalisés coup sur
coup à raison d'un film par an
entre 1982 et 1984, dans la
foulée de *Sauve qui peut (la
vie)* : *Passion, Prénom Carmen*
et *Je vous salue, Marie*. Trois

ISABELLE HUPPERT
JACQUES DUTRONC
NATHALIE BAYE

un film composé par
JEAN-LUC GODARD

SAUVE
QUI PEUT
(LA VIE)

scénario
JEAN-CLAUDE CARRIÈRE
ANNE-MARIE MIEVILLE
musique
GABRIEL YARED
producteur
ALAIN SARDE
et JEAN-LUC GODARD
MARIN KARMITZ

films tout autant distincts par leur thème ou leur
inspiration (la peinture, Carmen, la Vierge Marie)
que connexes par leur style, leur ambition, leur(s)
sujet(s), et bien des motifs et thèmes communs.
On a pu de qualifier l'ensemble de « trilogie », même
s'il est certain qu'il n'a pas été pensé ainsi *a priori*.
Il est d'ailleurs difficile de leur assigner une
signification précise et fermée, de faire un choix
parmi les lignes interprétatives que Godard nous
propose dans ces trois films : s'agit-il de méditations
sur l'image, la création, la place du cinéma
dans l'histoire de l'art ? Sur la morale, le sacré,
le sublime, l'ineffable, la foi, la loi divine ? Sur
l'amour, le sexe et la conception, l'inceste dans tous
ses états ? Options mutuellement exclusives,
à moins que l'une ne soit métaphore des autres
et réciproquement. C'est bien évidemment le cas :
ce ne sont pour Godard que les aspects
complémentaires d'une même réalité, ou plutôt,
ce sont les trois types de regard indissociables que
Godard pose sur le réel : esthétique, éthique et

Dans ses interviews,
Godard désigne *Sauve
qui peut (la vie)*
comme un « second
premier film » (et
Numéro deux). Il
affirme simultanément
ce « retour » au cinéma
et son contraire : le fait
qu'il n'a jamais cessé
un instant de faire
du cinéma. Ainsi
gomme-t-il sa période
intermédiaire, entre
1968 et 1980 :
« Ce qu'on peut dire,
c'est que *Sauve qui
peut (La Vie)*, *Passion*,
Prénom Carmen et
Je vous salue, Marie
sont comme les quatre
barreaux de la même
échelle, alors qu'avant
68, chaque film était
un barreau d'une
échelle différente. »

psychologique – on remarquera la disparition du politique, « dissous » dans l'éthique. Mais la difficulté de ces films ne vient pas exactement de cette élévation de pensée, ni même de cette complexité, de ces thèmes enchevêtrés. Le vrai problème, c'est que Godard s'efforce constamment de se passer du langage pour y parvenir. Si ses films sont bavards, le langage, parlé ou écrit, n'est jamais là pour donner la clé du propos. Celle-ci se dégage plutôt du tout, son, musique, image et paroles mêlés et composés ensemble.

Passion de l'image

Paradoxalement, *Prénom Carmen* et *Je vous salue, Marie* se moulent sur des modèles narratifs canoniques (on sait comment ça commence et comment ça finit). De même, *Passion* est clos dans sa tautologie : c'est l'histoire du tournage d'un film appelé *Passion*, un film dont le réalisateur, précisément, n'arrive pas à formuler l'« histoire ». Un film sur l'histoire de l'art, composé d'un choix de tableaux vivants que Jerzy le réalisateur ne parvient pas à filmer, faute de trouver « la bonne lumière ». Un film, donc, sur le problème ontologique de l'image cinématographique. Dans une interview de l'époque, Godard parle ainsi de l'image : « C'est rien, ça n'existe pas. C'est impensable, inavouable, par contre elle est la liaison et le surgissement de quelque chose qui se matérialise, d'une pensée uniquement. »

Dans *Passion*, les tableaux sont des chimères, des collages. Dans *L'Entrée des croisés à Constantinople* de Delacroix (page de droite) se promène un fragment de *La Mort de Sardanapale*. Ici le tableau n'est plus un objet mais une idée... et on peut jouer avec les idées. Ainsi Godard pénètre-t-il dans le *Tres de Mayo* de Goya pour scruter les regards croisés des fusillés et du peloton d'exécution. Ainsi réorganise-t-il *L'Entrée des croisés* selon son idée de l'intention du peintre : « Dans ce tableau de Delacroix, dit le scénario, un ensemble de cris, de larmes,

« Il faut faire des in

de bruits d'armure et de chevaux qui aboutit à ces deux femmes, à droite, en bas, pliant le dos sous le choc. »

Tout l'objet du film est effectivement de relier, par couples, des éléments désunis : le cinéma et la peinture, les hommes et les femmes, le désir et le sentiment, le travail et l'amour. Au début du film la caméra explore une représentation de *La Ronde de nuit* de Rembrandt, s'attarde sur les personnages, joue avec les éclairages :

es à partir des images »

« Faites comme Rembrandt, entend-on alors, examinez les êtres humains attentivement, longuement, aux lèvres et dans les yeux. » Plus loin, des ouvrières – qui sont aussi figurantes du film – parlent de grève ; mais leur dialogue est brouillé, leurs propos sont désynchronisés par rapport aux mouvements des lèvres ; cette scène, fantôme des discussions militantes d'antan, se focalise sur les visages, leurs expressions, leurs éclairages, comme si le traitement réservé au tableau de Rembrandt était destiné à déteindre sur le reste du film.

Prénom Carmen : la chair et la musique

Si dans *Passion* les personnages sont tous, peu ou prou, confrontés à une beauté qui échappe à l'incarnation, dans *Prénom Carmen* (1983) cette beauté est terrienne et charnelle, nue et désirable. Le désir sexuel (ou sa frustration) y est clairement et brutalement exposé. À cette tragédie de la chair (Carmen passe

Comme le Vélasquez de *Pierrot le fou*, comme Delacroix dans *Passion* (« Il a commencé par peindre des guerriers, puis des saints, de là il est passé aux amants, et puis aux tigres, et à la fin de sa vie il a fini par peindre des fleurs »), Godard, l'âge venant, réduit à l'essentiel les questions qu'il se pose sur l'individu et la société, sur la solitude de l'artiste face au sublime, et sur l'amour qui relie le tout. « Peut-être c'est pas tellement utile de comprendre. Ça suffit de prendre. – Prends-moi. Dans tes bras. » (Page de gauche, Jerzy [Radziwilowicz] et Hanna [Schygulla] dans *Passion*).

d'homme en homme, elle rencontre un soldat, puis le quitte, il la tue), se superpose en montage parallèle un autre récit, aussi abstrait que possible : un quatuor à cordes (la formation la plus « pure » de la musique classique) répétant des quatuors de Beethoven présentés dans l'ordre de leur composition (du 9e au 16e et dernier). L'écoute et le dialogue musicaux qui sont au cœur de ces scènes, sortes de paradis des relations humaines, contrastent radicalement avec l'incomplétude et le conflit des sexes qui se joue entre Carmen et son amant Joseph.

L'altiste du quatuor est remplacé à l'image par une comédienne, Myriem Roussel (la femme « pliant le dos » du Delacroix de *Passion*, c'était elle). Son personnage, Claire, est en quelque sorte le négatif de Carmen (Maruschka Detmers). Filmée comme les peintres toscans du Quattrocento montraient la Vierge, Claire est à la fois incarnée et désincarnée, position intermédiaire, à l'instar de sa position dans le dispositif sonore du quatuor : elle tient l'alto, entre les instruments aigus (les deux violons) et grave (le violoncelle).

À ces deux dispositifs narratifs (l'histoire de Carmen, le quatuor), Godard ajoute un troisième, purement plastique : des plans de coupe où la mer montante rencontre et caresse une langue de terre, métaphore transparente de la rencontre du féminin et du masculin, sur un plan élémentaire cette fois.

Enfin apparaît dans le film Godard lui-même, non sous la forme impérieuse et démiurgique du créateur (fût-il en souffrance), mais sous celle d'un personnage comique, réalisateur lessivé et à demi fou, personnage d'innocent proche du roman russe, un innocent qui dit toujours la vérité, et qui traverse l'intrigue comme dans un rêve. Bien entendu ces dispositifs se mêlent à l'envi, selon une composition très concertée, dont la musique est ici le modèle privilégié.

Un film en jaune et bleu : « Oui, toute la séquence de l'hôtel est jaune, c'est l'intérieur. Mais l'extérieur, la mer, le ciel sont bleus. Raoul [Coutard] a très bien su... C'est Carmen, enfin : le chaud et le froid. Elle fait froid dans le dos, et elle envoie de la chaleur en

Prénom : Jean-Luc Godard lion d'or

permanence. Ce n'est pas de l'éclairage, c'est de la lumière. Comme dans le cinéma allemand. [...] Au montage du son, j'ai eu l'impression de sculpter dans le son, comme en sculpture. [...] Là, j'ai vu ce que c'était de taper sur un bloc pour en faire sortir des volumes, des formes. » [Ci-dessus, Claire [Myriem Roussel], l'altiste de *Prénom Carmen*.]

Le mystère dévoilé

Comme son titre l'indique (ce sont les premières paroles de l'Ange à Marie), *Je vous salue, Marie* (1984) est une annonciation. Non plus un choix de tableaux comme dans *Passion*, mais un genre pictural, doté d'un scénario canonique et précis : l'arrivée de l'ange, l'annonce, la réaction de Marie et son acceptation du destin que Dieu lui réserve : porter l'enfant Jésus, conçu par « immaculée conception ». Il s'agit de filmer un mystère (le principal mystère chrétien), celui du moment de l'incarnation, quand Dieu, c'est-à-dire une idée, se fait chair, et passe en personne dans le monde matériel. L'« entre-deux » a toujours fasciné Godard : que se passe-t-il entre l'homme et la femme ? entre une image et une autre image ? Si un désir est à l'origine de ce film, c'est bien celui d'aller y voir. Désir sacrilège, désir interdit, désir coupable, que Godard met en résonance avec le grand tabou de notre civilisation, l'inceste père / fille et mère / fils (soit Dieu-le-père et sa fille Marie-mère-de-Dieu), la réversibilité des problématiques esthétiques et sexuelles étant un des traits les plus constants de son cinéma.

Technique du miracle : « J'ai toujours été intéressé par les crises : prendre la pellicule en bas de la courbe, à l'endroit où ses possibilités sont ignorées par le fabricant lui-même. À des moments ça bascule et tu as des choses très belles, que savent faire les photographes mais ils ne font qu'une image et c'est de les faire en longueur qui est le charme du cinéma. Faire durer un petit peu quelque chose d'extraordinaire : c'est ça qui a fait que le cinéma a intéressé les gens, de l'exceptionnel qui dure un petit peu. » (Ci-dessous, Myriem Roussel est Marie.)

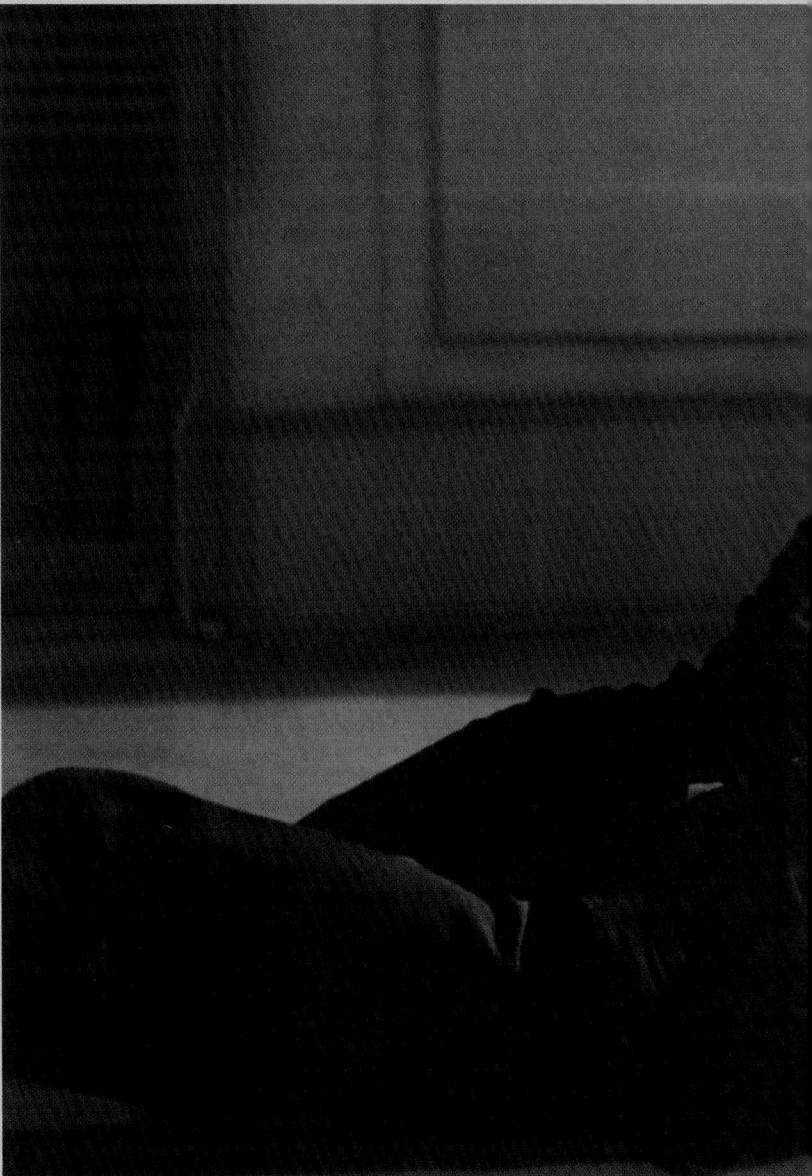

"Sur *Carmen* la mise en scène a finalement été faite [...] pour que le pointeur puisse faire le point, tout en gardant le minimum de données fondamentales que je voulais avoir : travailler à faible lumière, avec des objectifs à grande ouverture. Si je fais un gros plan au 50 l'opérateur me dit : « Jean-Luc, écoute, il ne faut pas qu'elle bouge la tête. Je fais le point sur cette mèche, on est d'accord ? Si elle bouge la tête, je ne sais plus si ça va être au point. » Comme j'ai quand même envie qu'elle bouge la tête, on fait le plan au 35 et au 35 ce n'est plus le même plan ! Les opérateurs ne savent plus faire le point aujourd'hui. [...] Résultat, j'en viens à faire des plans fixes.**"**

[À gauche, ci-dessus et ci-dessous, Carmen / Maruschka Detmers et Joseph / Jacques Bonaffé dans *Prénom Carmen*.]

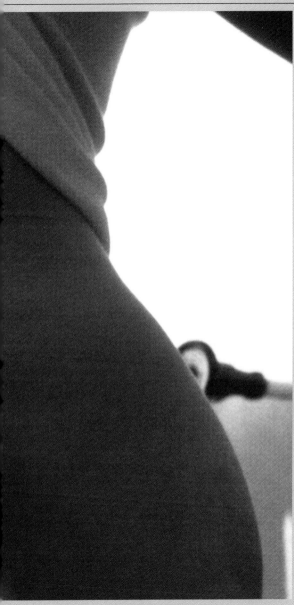

Pour *Je vous salue,
Marie,* Godard
s'enferme seul dans
une chambre avec
Myriem Roussel
(ci-contre) pour tenter
de filmer le mystère
lui-même : le corps de
Marie dans ses affres
(puisque l'incarnation
est une âme qui
devient corps). Alors
c'est Godard, en
caméra plongeante
comme on figure en
peinture la lumière
divine tombant
obliquement du ciel,
qui adopte le point de
vue du Créateur sur sa
créature et accompagne
ses souffrances.
Autre lecture : voir en
Godard le réalisateur
tout-puissant dont les
idées s'incarnent dans
le film par le biais du
corps des acteurs, leur
travail, leur souffrance.
Il est celui dont Marie
dit dans le film : « Dieu
est un vampire, qui a
voulu me souffrir en
lui, parce qu'il souffrait
que je ne souffrais pas.
Et que ma douleur lui
profitait. » C'est un
dieu inquiet, souffrant,
désirant, humain, trop
humain : *Ecce Homo.*

Faire de nécessité vertu

Dans les années 1980 et 1990, l'atelier de Rolle tourne sans pause. Commandes et occasions diverses génèrent leur part de films et téléfilms, souvent sous forme de conversation : *Soft and Hard, Meeting Woody Allen, Puissance de la parole, Le Rapport Darty, Armide*… Malgré la liberté de traitement et l'inventivité de ces vidéos, la seconde moitié des années 1980 semble placée sous le signe de la contrainte.

Pour financer – et donc finir – *Je vous salue, Marie*, Godard accepte en 1984 de tourner *Détective*, une commande du producteur Alain Sarde, qui en signe également le sujet. Et très logiquement, Godard fait de cette contrainte la caractéristique première du film, accumulant ironiquement toutes les recettes pour faire recette. Il y a une brochette de stars, Johnny Hallyday, Nathalie Baye, Jean-Pierre Léaud, Claude Brasseur, Alain Cuny. Un genre à la mode, le polar, et ses ingrédients classiques, empilés en désordre : un meurtre à résoudre, une dette de quarante millions, un match de boxe à gagner, un couple en crise, l'ombre de la mafia. Un cadre « de rêve », dans ces grands hôtels de luxe où domine l'odeur de l'argent. Et enfin, un dialogue principalement constitué de citations. Fidèle à la logique secrète du système – aguicher toujours, satisfaire jamais –, Godard enferme ses personnages dans un univers clos, entre quatre murs, sans échappée vers le monde ou la nature ; des personnages épuisés, amers, déprimés ; et quand finalement les stars se retrouvent au lit, Jim Fox Warner / Johnny dit à Françoise / Nathalie Baye : « J'ai envie d'être seul, et vous ne me faites pas bander. »

Autre commande, pour le programme « Série noire » de TF1, *Grandeur et décadence d'un petit commerce de cinéma* est une manière de porter

Dès son installation à Rolle, Godard invente un nouveau genre cinématographique, le scénario vidéo, objet audiovisuel fonctionnant à la fois comme maquette pour trouver des financements, comme essai en vue du travail à venir, et comme préface du film futur : *Scénario de Sauve qui peut (la vie)*, *Scénario du film Passion*, Petites notes à propos de *Je vous salue, Marie*. Ces « scénarios » ne relèvent pas seulement du genre documentaire : si chaque film de Godard est désormais davantage une recherche, un essai, qu'une œuvre close, ces « appendices » marquent aussi et surtout la continuité de sa démarche, dont les longs métrages ne sont que la partie émergée.

Ci-dessus, Godard sur le tournage de *Détective* ; page de droite, Jim Fox Warner / Johnny Hallyday et Françoise / Nathalie Baye.

le deuil du cinéma que Godard a connu et aimé,
étouffé par « la toute-puissance de la télévision » ;
de François Truffaut aussi, mort deux ans auparavant
sans se réconcilier ; et de tous les producteurs et
cinéastes « morts au champ d'honneur ». Dans cette
petite maison de production vacillante et accablée
de dettes, où des figurants défilent pour un bout
d'essai comme les pièces d'une chaîne de montage,
Godard met en scène sa propre mort symbolique.
C'est un film pour « défendre les morts contre les
vivants, protéger les ossements vides et pulvérisés,

❝[Truffaut] avait réussi
ce qu'aucun d'entre
nous n'avait réussi ou
cherché : d'être respecté !
On était respecté à cause
de lui. Lui disparu, on
n'est plus respecté.
Anne-Marie m'a dit :
« À sa manière, il te
protégeait et tu dois
avoir très peur
maintenant que cette
protection n'existe
plus. »❞

c'est parce qu'une dernière fois
la nuit rassemble ses forces
pour vaincre la lumière
mais c'est dans le dos
que la lumière va frapper la nuit
et d'abord, très doux
comme si on ne voulait pas l'effrayer
le chuchotement
que l'homme a déjà perçu
il y a longtemps
ô si longtemps
bien avant que l'homme existe

le cinéma proje
et les hommes
ont vu
que le monde
était là
un monde
encore presque
sans histoire

la poussière vide et sans défense, contre l'angoisse et la douleur et l'inhumanité de la race humaine » – un thème sur lequel Godard reviendra, abordant peu après *Grandeur et décadence* l'œuvre qui l'occupera durant plus d'une décennie : *Histoire(s) du cinéma*.

Histoire(s) du cinéma

L'idée d'une réflexion de fond sur l'histoire du cinéma travaille Godard depuis longtemps. En 1978, à la mort de Langlois, le grand initiateur de ses années de jeunesse, il accepte de donner à Montréal une série de conférences calquées sur le mode très libre de programmation de son « maître », confrontant thématiquement ses propres œuvres et des films de son choix (*Week-end*, des films d'horreur et *Allemagne année zéro* de Rossellini, ou plus classiquement, *Vivre sa vie* et *Nana* de Renoir, *Jeanne d'Arc* de Dreyer, et *Carmen Jones* de Preminger). Ces conférences dont Godard tire en 1980 un livre, *Introduction à une véritable histoire du cinéma*, sont le point de départ d'un travail plus vaste de recherche et d'expérimentation vidéo que Godard entreprend d'abord pour son compte.

En 1988, Canal + produit deux épisodes de 45 minutes, prologue d'une série plus vaste que la chaîne renoncera à poursuivre. Ces *Histoire(s) du cinéma* seront finalement achevées en 1994

« Il faut assumer le grotesque, comme Goya et Vélasquez l'ont fait » : depuis sa réapparition, Godard s'est fait une place à part sur la scène médiatique. Son personnage s'apparente aux « idiots » qu'il incarne dans ses films, maniant le paradoxe et les vérités dérangeantes. Comme tel, la télévision l'adopte sans états d'âme. On le verra fréquenter les émissions et les estrades (Cannes, les Césars), sans quitter le cadre du « service après vente » de ses films, sauf à l'occasion de rares rencontres avec des « pairs » : entretiens Godard / Sollers en 1984 ou Godard / Duras en 1987.

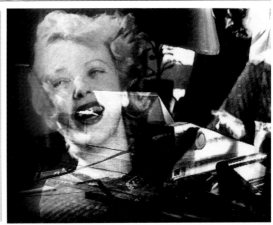

mais un monde
qui raconte

grâce à la Gaumont. Le jeu en valait la chandelle,
et ces *Histoires(s)* bouclent plus d'une boucle
– puisque le cinéma est pour Godard le lieu où tout
se noue. L'Histoire avec majuscule, et les histoires
individuelles, les anecdotes, le contexte. La fiction
cinématographique et l'expression documentaire
de la réalité. L'histoire personnelle de Godard,
sa propre mémoire, et la mémoire collective.
La chronologie n'y joue aucun rôle, comme si tous
les films, tous les cinéastes, tous les acteurs, tous
les producteurs coexistaient dans un paradis (ou
plutôt un purgatoire) où le temps n'existe pas, où la
causalité s'efface et laisse libre cours à l'intuition,
les grands écarts et les rapprochements poétiques.

Le tout est organisé autour d'un propos central
simple et clair : considérer le cinéma comme une
personne, et se demander ce qu'il aurait bien pu
devenir d'autre si l'argent et la politique ne l'avaient
détourné dès sa prime enfance de sa pureté
originelle – sa capacité unique à rendre compte du
réel (« Ce que ni Dostoïevski, ni Cézanne, ni Bach
n'ont pu faire, le cinéma l'a fait »), sa fonction
d'instrument de savoir, et non de « divertissement ».

La tragi-comédie de *King Lear*

La plus folle des rumeurs fait les beaux soirs de
l'édition 1985 du Festival de Cannes : Godard aurait

En 1990, Jack Lang
annonce la création d'un
centre de recherche,
Périphéria, où les
étudiants de la Fémis,
l'école de cinéma,
pourront travailler avec
Godard – lui utilisant
la structure pour
produire ses
Histoire(s). L'année
suivante Godard publie
le « rapport
d'inactivité » du projet.
Même fiasco en 1996
avec le Théâtre national
de Strasbourg. Puis
le Collège de France
refuse d'admettre
Godard, proposé par
Bourdieu. « Devant ces
trois refus, je me suis
dit que je ne faisais
plus vraiment partie de
cette société. » Que cet
indépendant attende
tant de l'Institution
n'est pas le moindre
de ses paradoxes.
(Ci-dessus, Godard
hors cinéma :
Histoire(s) du cinéma,
version « papier »,
édité par Gallimard.)

King Lear est tourné en douze jours à Rolle, en anglais, comme un pastiche des premiers Woody Allen. Du reniement de Cordelia, « la plus aimée », par son père Lear, aux errances de William Shakespeare Jr. en quête de l'héritage de son ancêtre, la question de la filiation spirituelle est ici formulée par Godard en termes d'inceste (puisqu'elle passe par l'amour – un amour qui peut tuer l'objet aimé). Le metteur en scène américain Peter Sellars y joue le rôle d'un William Shakespeare Jr. cherchant à reconstituer en cette époque amnésique la tragédie de son ancêtre, et rencontrant l'inénarrable Dr. Pluggy (Godard lui-même, ci-contre), savant fou à la bouche tordue et à l'incroyable coiffure rasta (un fouillis de fils électriques, de jacks et de prises vidéo), censé travailler sur le même problème – la mémoire : « Le problème de ce que nous recherchons, c'est que ça n'existe pas : personne ne le fabrique. » Et Pluggy d'inventer un dispositif tout à fait étonnant où l'on met de la lumière dans une boîte à chaussures trouée qui projette de la lumière (à gauche) – Anne-Marie Miéville l'aurait fabriqué à l'âge de huit ans...

signé sur un bout de nappe de restaurant un contrat avec Yoram Globus et Menahem Golan, de la Cannon, deux producteurs américains en mal de légitimité culturelle, à qui l'on doit, entre autres, les films de Chuck Norris (à côté duquel Schwarzenegger ressemble à Dirk Bogarde). Improbable, mais vrai : alléché par l'idée de produire un super-auteur dans un super-texte, Golan-Globus commandent effectivement un *King Lear*, que Godard s'engage à livrer un an plus tard jour pour jour, au même endroit. Comme le disait Picasso – phrase que Godard cite beaucoup à l'époque –, « Si j'étais en prison sans rien pour peindre, je peindrais

avec ma propre merde. » Un an après,
jour pour jour, Godard achève le
montage dans la nuit, loue un avion
privé et débarque à Cannes avec
les bobines de film sous le bras. La
Cannon ne sortira le film qu'en 2001 ;
dire que Godard l'avait sous-titré
A Picture Shot in the Back (« une image
filmée par derrière » – ou « un film
flingué dans le dos »)!

Une place dans le monde

Si *King Lear* semble placé sous
le signe de Woody Allen, *Soigne
ta droite*, réalisé la même année, est
clairement sous le signe de Jaques
Tati : le titre parodie celui d'un de ses
premiers films, *Soigne ton gauche*.
Comme dans les films comiques,
c'est une suite de scènes, de tableaux
et de situations sans lien évident, et
l'histoire en est « plutôt confuse ». Il y
a l'Idiot (Godard), alias le Prince, à qui
un producteur demande au téléphone
de trouver une histoire et de tourner
un film en l'espace d'une seule
journée, pour « être pardonné de
ses péchés » – nouvelle excellente
composition comique de Godard, dans
le style très physique du burlesque

américain cette fois. Il y a l'Homme (François
Perrier), qui pourrait bien être le producteur
ci-dessus, et l'Individu (Jacques Villeret), qui
pourrait bien être scénariste. Il y a l'Amiral (Michel
Galabru), qui lit *Suicide mode d'emploi* en pilotant
l'avion qui emmène l'Idiot à Paris. Enfin,
les répétitions du groupe rock Les Rita Mitsouko
scandent le film, sans lien avec l'intrigue, comme
les Stones dans *One Plus One*, ou Beethoven
dans *Prénom Carmen*.

La société du spectacle
aime la dérision (rien à
voir avec le burlesque),
et Godard est une cible
facile. Ci-dessus,
il se fait « entarter » au
détour d'un escalator
du palais des Festivals
à Cannes. Malgré
la violence du geste
– on n'est pas au
cinéma –, il en rira,
et se plaindra de la
qualité de la crème.

À chacun son projet, à chacun son trajet. Godard /
l'Idiot emprunte celui du prince Mychkine dans
L'Idiot de Dostoïevski, quittant au début du roman

sa clinique suisse pour rejoindre Saint-Pétersbourg
en train, à la rencontre de l'amour... et de la mort.
L'Individu, qui aspire à l'élévation et à la fraternité
humaine, est quasiment toujours mutique et
prostré, comme si son physique le clouait au sol
– l'embonpoint de Villeret participant à l'effet.
Les Rita Mitsouko, pesant chaque accord, cherchent
la perfection du son. Chacun à sa manière cherche
donc sa vraie « place sur la terre comme au ciel »
(c'est le sous-titre du film), chacun cherche à
se « projeter » dans le monde, comme le cinéma se
projette sur l'écran : la « projection » est le vrai sujet
du film. À l'horizon, la mort : l'image récurrente
d'une porte-fenêtre ouvrant sur la mer est associée
ici au mythe décrivant la vie et la mort comme
deux pièces séparées par une porte – la mort étant
côté mer (voir la fin du *Mépris* et de *Pierrot*).

Vague nouvelle, *Nouvelle Vague*

On ne sait ce que le « monde » pouvait attendre d'un
film de Godard intitulé *Nouvelle Vague* (1990), où
Delon serait un nouveau Belmondo. Godard, lui, le
traite à sa manière : non un retour sur soi, mais un
film sur le retour sur soi. Le titre est à prendre en
son sens le plus littéral : c'est l'image très concrète
où chaque vague qui vient sur le rivage se trouve
remplacée par une « vague nouvelle », identique
et différente. Métaphore, si l'on veut, de l'unité

Ci-contre,
l'inspiration burlesque
de Godard dans *Soigne
ta droite* : l'Idiot
(Godard) s'étale sur
l'asphalte, répandant
des boîtes à film vides ;
ci-dessus, l'Individu
(Villeret), au golf,
semble s'interroger sur
la dimension sexuelle
de la chose.

fondamentale de toutes les histoires passées, présentes et futures, parce qu'elles ont toutes déjà été dites, à l'instar des noms des personnages, pris aux quatre coins de l'histoire du cinéma, ou des dialogues saturés de citations – Rimbaud, Chardonne, Rousseau, Dostoïevski, Faulkner, Schnitzler, Chandler... et surtout Dante. Éternel retour, aussi, du cinéma classique : Godard renonce à exposer l'inachèvement de l'œuvre ou les artifices de son montage, au profit d'une harmonie, d'une fluidité, d'une transparence nouvelles.

❝Dans [*Soigne ta droite*, ci-dessus], les acteurs sont des superprofessionnels, au bon sens du terme. Peut-être parce qu'ils viennent du comique, justement. Ils ont un contrôle de leur corps. Ils n'ont pas de problèmes psychologiques avec leur image.❞

Le cadre de *Nouvelle Vague*,
comme dans *La Règle du jeu* de
Renoir, est un paradis où maîtres et
serviteurs restent à leur place, dans
une riche demeure « comme un
château hors du temps », au sein
d'un cadre luxuriant et domestiqué
– un monde dont l'opulence doit tout
aux trafics ignobles de la haute
finance qui meublent les
conversations. Godard ménage
un écart maximal entre les
préoccupations abstraites des
personnages – le cours du dollar –
et le concret étreignant de la nature
et de ses rythmes essentiels – le ciel
d'hiver, le ciel d'été, l'écorce
d'un arbre, l'eau du lac à travers
l'enchevêtrement des branches, les
jeux de l'ombre et de la lumière dans
un sous-bois. Les personnages sont
« tous profilés sur le fond du vert
luxuriant de l'été et l'embrasement
royal de l'automne et la ruine
de l'hiver avant que ne fleurisse à
nouveau le printemps » (Faulkner).
À mi-chemin entre ces deux mondes,
les deux personnages principaux,
l'homme et la femme (Alain Delon
et Domiziana Giordano) vivent deux
histoires successives, en deux
vagues : dans un premier temps
la femme, « riche, belle, autoritaire,
active », rencontre un homme
« lointain, faible, mou ». Leurs mains
se rejoignent, elle l'invite dans son
monde où il erre comme une âme
en peine. L'été arrive. Lors d'une
promenade sur le lac l'homme tombe
à l'eau, tend la main, « elle le regarde
se noyer sans bouger. Belle,
impitoyable, mystérieuse ». Dans
un second temps, l'homme revient

(il se prétend le frère du premier), et l'histoire recommence – comme une seconde chance. Cet homme-là est « entreprenant et charmeur », alors qu'elle semble maintenant « frêle et démunie ». L'été arrive, la femme se noie, « et c'est lui maintenant

qui la regarde se débattre. Immobile, beau, grave, impitoyable ». Mais lui attrape la main tendue, et la sauve. Alors « la femme découvre que l'autre homme est le même homme que le premier, que le deuxième est (encore et toujours) le même que le premier. C'est donc une révélation, l'homme a dit le mystère, la femme a révélé le secret ». Quel mystère, quel secret ? Celui de l'amour et des relations humaines (une main qui se tend, une autre main qui la prend), qui se vit toujours en deux temps : dans un mouvement vers soi-même qui nie l'autre (qui le tue), puis un mouvement vers l'autre qui crée le lien.

Hélas pour moi

Hélas pour moi, tourné en 1993, est un film qui aurait pu faire couple avec *Nouvelle Vague* : mêmes personnages vivant une double vie, même prégnance de la citation littéraire dans les dialogues, même présence d'une star française : après Delon, Depardieu. Mais si Delon, de par ses rôles habituels de battant et de battu, pouvait parfaitement « à la fois être et avoir été », dans le contexte Depardieu n'a pour lui que son nom.

Les deux premiers photogrammes (page de gauche) montrent la conclusion du premier « temps » de *Nouvelle Vague*, filmé en champ / contrechamp : l'homme se noie, la femme le laisse mourir. Les trois autres montrent la fin du second « temps » : la femme se noie, lui reste d'abord passif, puis il saisit sa main…

Ci-dessus, l'homme « lointain, faible, mou », la femme « riche, belle, autoritaire » ; ci-dessous, l'homme « entreprenant », la femme « démunie ».

Le double mouvement de *Nouvelle Vague* est aussi un champ / contrechamp : filmer une conversation en montrant alternativement chaque interlocuteur, c'est créer « l'incessante disparition de l'autre au cours de l'échange, et son incessante réapparition, miracle quotidien de la résurrection ». Godard réserve le champ / contrechamp aux deux amants, filmant le reste en plans-séquences et en longs travellings horizontaux : « Le fluide des mouvements sociaux et mondains [...] fait surgir comme solide la liaison amoureuse, un peu comme si de la musique faisait naître de la sculpture. » Ce double mouvement est aussi celui de la réminiscence : se projeter dans le passé, c'est nier le présent ; revenir à soi, c'est nier le passé. Cette résurrection du passé dans le présent est ambiguë : « Le souvenir est le seul paradis d'où nous ne pouvons être chassés ; le souvenir est le seul enfer auquel nous sommes condamnés en toute innocence. » Tel est le secret de la réconciliation finale : *omnia vincit amor.* L'amour des êtres qui se donnent la main (« Ma mère disait : donner la main a toujours été ce que j'espérais de la joie »), comme l'amour du passé vivant dans le présent.

*les évènements sont ce qui arrive,
ils sont ce qui a un sens*

Car l'histoire est celle d'Amphitryon : un dieu (Depardieu) qui veut faire l'expérience de l'amour humain prend l'apparence du mari absent (le même, qui s'appelle Donnadieu !) pour coucher avec la femme (Rachel / Laurence Maslia). Au retour du mari, après le départ du dieu, tous deux s'interrogent sur ce qui s'est passé. Godard aussi. Rachel reconnaît-elle que l'homme n'est pas son mari ? Pourquoi refuse-t-elle l'immortalité qu'il lui offre ? Est-ce vraiment un dieu ?

Difficile ici de conclure, comme si Godard mettait en scène sa propre incertitude, sa propre errance autour du thème. Malgré (ou à cause de) la beauté sublime des images (forcément), et la fière lignée du sujet (Giraudoux / Kleist / Molière / Plaute), Godard peine à retrouver l'harmonie du film précédent, qu'il semble pourtant chercher. Par la suite il se plaindra de Depardieu (« il ne tient pas en place, il téléphone, il bouge, il ne peut pas travailler »), et de la production, qui l'aurait forcé à livrer le film en l'état.

« *Hélas pour moi* [ci-dessus] ne me plaisait pas, je le trouvais trop abandonné par l'équipe et la production dont je ne me suis pas occupé cette fois-ci. Et c'est atroce, car ils vous font faire un autre film. C'est toujours le mien, bien sûr, mais je ne le reconnais plus comme si ce n'était plus mon costume. Et quand je reprenais le montage, je me rendais compte combien j'oubliais instantanément les scènes précédentes. Cela me plaît. C'est une nouveauté dans mon travail. » Comme quoi un film désavoué n'est pas forcément un film raté !

Entrer dans l'Histoire

Entre-temps, le monde bouge. Alors que Godard se plonge toujours plus avant dans ses *Histoire(s) du cinéma*, qui sont aussi une histoire du siècle et une histoire de la culture européenne, la chute du mur de Berlin en 1989, la disparition des « pays de l'Est » et la guerre de Yougoslavie remodèlent le visage de l'Europe. Godard, qui reprochait au cinéma de n'avoir su ou voulu rendre compte de son siècle (Auschwitz notamment), place désormais l'Histoire, la guerre et le rôle du cinéaste au cœur de ses préoccupations. Éternel retour du même, Godard redevient engagé, sans moralisme ni phraséologie cette fois. Quand, en 1991, Antenne 2 lui commande une émission sur le thème de la solitude, lui décide de traiter de la solitude des nations : de cette Allemagne de l'Est disparue, de cette Allemagne de l'Ouest annihilée par la culture américaine. *Allemagne année neuf zéro* (lire « neuf » dans le sens de « nouveau ») présente le pays comme un terrain vague, un *no man's land* entre l'Orient et l'Occident, dont Godard prononce ici l'élégie.

L'Histoire peut aussi faire irruption dans un film sans crier gare. Ainsi, en 1995, Godard projette un film autour du *Livre de l'Intranquillité* de Pessoa, dont il tourne une demi-heure ; puis, lisant dans *Le Monde* un article de Philippe Sollers sur Sarajevo disant qu'il vaudrait mieux y jouer *On ne badine pas avec l'amour* plutôt qu'*En attendant Godot*, Godard se lance dans un *On ne badine pas avec l'amour à Sarajevo* dont il tourne également une demi-heure ;

Récupérant le personnage d'*Alphaville* – film hanté par l'expressionnisme allemand – Godard promène le héros d'*Allemagne année neuf zéro*, Lemmy Caution (Eddie Constantine [ci-dessous]), dans les paysages froids de l'Allemagne moderne et les restes de son histoire. C'est aussi une annexe aux *Histoire(s)*, sur le cinéma allemand et le romantisme « qui l'a tant bercé ». Lemmy Caution est ici le *Wanderer* (l'« errant »), figure qui est à la culture allemande (de Goethe à Wagner) ce que l'Idiot est à la culture russe.

JEAN-LUC GODARD

ALLEMAGNE ANNÉE NEUF ZÉRO

il ajoute une ouverture et une conclusion, et tient ainsi un film complet : *For ever Mozart*. Un film mal compris, surtout si on imagine voir là un film « sur » Sarajevo et la guerre en Bosnie. Comme dans *Les Carabiniers*, ni la guerre ni la mort ne sont montrées, sinon par deux chars de location, des bruitages, et des cadavres.

Encore une fois la guerre réelle n'est qu'un prétexte – on le lui reprochera de nouveau – pour parler de toutes les guerres, qui se résument à « un bout de fer dans un bout de chair ». Prétexte aussi pour revenir sur les thèmes de la jeunesse et de l'engagement (celui, immature, du *Petit Soldat*) : partis jouer Musset à Sarajevo, trois jeunes intellectuels français (et leur bonne) finissent mitraillés par des partisans (des « carabiniers ») d'on ne sait quelle faction. Leurs cadavres sont récupérés par un cinéaste pour son film, tourné également avec de jeunes acteurs qu'il exploite jusqu'à l'épuisement. Dans la coda du film, sans rapport avec le reste, un jeune Mozart incarne la réconciliation européenne par la musique. D'où le titre.

Prétexte enfin d'une possible lecture autobiographique, manière d'intérioriser cette faillite de l'Europe : tous les personnages du film sont oncles, frères, cousins, neveux, tous sont apparentés (le cinéaste s'appelle Vitalis, un personnage de *Sans Famille* d'Hector Malot !) – et la séquence bosniaque est tournée à Anthy, alors en ruine.

JLG dans le miroir

L'année précédente, en 1994, Godard avait cédé à la tentation autobiographique – ou plus exactement, à celle de l'autoportrait, à la manière des peintres, auxquels il se compare de plus en plus. *JLG / JLG, Autoportrait de décembre* est fait d'extérieurs

❝Mon idée, c'est que le cinéma s'est arrêté complètement, son destin était programmé. [...] Lumière, parenthèse d'un siècle, belle parenthèse, qui s'est fermée à l'époque des camps où le cinéma de fiction n'a pas récupéré son frère documentaire. Abel n'a pas récupéré Caïn, ou inversement. Le documentaire : quelques maigres actualités qui ont sauvé l'honneur de l'enregistrement du réel, quelques maigres actualités dont on ne fait rien. Donc le cinéma n'a servi à rien, il n'a rien fait et il n'y a eu aucun film.❞

Ci-dessus, *Forever Mozart* où, sur une langue de terre (le père) avançant sur le lac (la mère) – image récurrente de l'univers de Godard –, un Serbe tire au mortier...

hivernaux épurés, « paysages d'enfance et d'autrefois, sans personne dedans », et d'intérieurs plongés dans l'obscurité. Une lampe, un moniteur donnent parfois une tache de couleur, quand ce n'est pas Godard écrivant à la lueur d'une allumette : image de solitude (à l'époque du film, il s'est brièvement brouillé avec Anne-Marie Miéville). Reste le travail, et sa récompense : « Au terme de cette longue entreprise, il m'arrivera d'être celui qui est, c'est-à-dire de mériter enfin le nom que je m'étais donné. Un homme, rien qu'un homme, et qui n'en vaut aucun, mais qu'aucun ne vaut. »

... Dans *JLG / JLG*, une langue de terre s'avance dans le lac, et Godard, pensif, s'y promène (ci-dessus)...

Ci-dessous, les deux acteurs de *For ever Mozart* découvrent sur une plinthe de l'ancienne maison d'Anthy le nom gravé d'Odile, la mère de Godard.

Entre deux siècles

L'homme est encore capable de réaliser de bons films. Produit en 1996 par Canal +, tourné entre 1999 et 2000 seulement, *Éloge de l'amour* est donc à cheval sur deux siècles, tout comme c'est un double film, tourné en pellicule noir et blanc et en vidéo couleur.

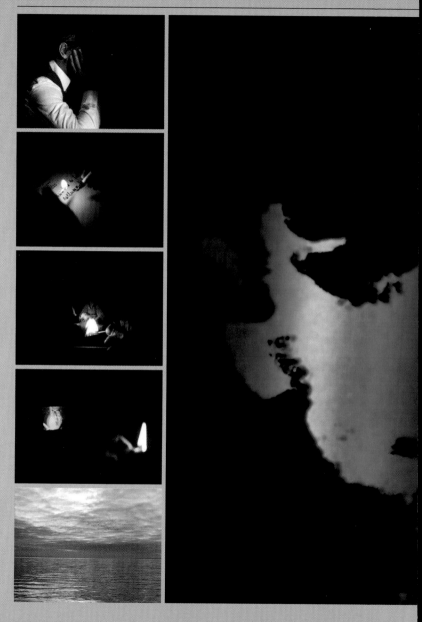

"Un romancier ne peut pas faire son autoportrait, il fait forcément son autobiographie. Je pense que là, j'ai été autorisé, contrairement aux autres, à essayer de filmer, d'enregistrer la pensée, ce pour quoi est fait le cinéma."

"J'ai essayé de faire un film [*JLG / JLG*] qui ressemble aux livres que j'ai pu lire dans mon adolescence, ceux de Blanchot, de Bataille. Je me souviens par exemple de *L'Expérience intérieure*. À l'époque, je suivais les cours de Henri Agel. Il avait passé *Terre sans pain* de Buñuel, et je lui avais dit : « C'est une bouleversante expérience intérieure de l'Histoire. » Aujourd'hui, je pourrais redire quelque chose de ce genre. Voilà, le cinéma est là pour faire de la métaphysique. C'est d'ailleurs ce qu'il fait mais on ne le voit pas ou alors ceux qui en font ne le disent pas. Le cinéma est quelque chose d'extrêmement physique de par son invention mécanique. C'est fait pour s'évader, et s'évader c'est de la métaphysique. Comme l'enfant que ses parents font garçon de café ou banquier, alors que lui voudrait faire autre chose : chasser les papillons, étudier la sexualité… autre chose, quoi !"

[Ci-contre, l'énigmatique photo d'enfance qui ouvre *JLG/JLG* ; à gauche, photogrammes du film.]

Histoire d'un film à faire qui porte le même titre (air connu), *Éloge de l'amour* semble reprendre, sur le mode de la fiction, les thèmes traités par Godard dans ses

Histoire(s) du cinéma : le cinéma corrompu, l'Amérique corruptrice, la mémoire bafouée et vendue à l'encan. Mais ici, le regard change, comme si Godard, cette fois, renonçait à investir sa personne dans le film ; comme si son passage par l'autoportrait lui avait permis de tourner la page ; comme

ÉLOGE DE L'AMOUR

si, en quelque sorte, le relais

"Je reviens en arrière

était déjà passé entre les mains d'une jeunesse que Godard ne connaît pas, et qui lui rappelle la sienne – égarée, et porteuse d'espoir.

Edgar, le jeune cinéaste, est clairement un « portrait de l'artiste en jeune homme », et le Paris contemporain nocturne qu'il arpente dans le premier volet du film, tourné dans un noir et blanc intense, ressemble à celui de la Nouvelle Vague – voire des « heures sombres » de l'Occupation, comme on dit. De proche en proche, la quête erratique d'Edgar cherchant d'abord l'amour comme sujet de film (ou de pièce, de roman, d'opéra, il ne sait), puis la femme capable de l'incarner, puis, elle morte, le souvenir de leur rencontre, en Bretagne, dans sa famille d'anciens résistants, l'amène précisément au cœur du sujet : la mémoire, le passé vivant, et la résistance à l'Occupation incarnée par les deux anciens partisans.

Le second volet du film précède le premier de deux ans. Cette Bretagne où Godard avait passé l'année 1940 adopte ici de magnifiques couleurs saturées, fauves, qui font parfois penser aux ciels en Technicolor d'*Autant en emporte le vent*.

Godard évoque une émission consacrée à Vichy : « ... Et puis, une rescapée d'Oradour. [...] La qualité d'image était telle, d'ailleurs, qu'il n'y avait pas de différence avec une publicité pour Kit et Kat. Bon, elle raconte son martyre comme elle peut. [...] Puis Cavada passe à une deuxième table en compagnie des autres invités et ils commencent leur *talk show*. Et l'on voyait la pauvre dame restée seule au fond du studio, un peu comme les petites filles qui n'ont pas le droit de jouer au football avec les garçons. On dit souvent qu'il y a un devoir de mémoire. Je crois avant tout que la mémoire a des droits. »

Le présent en noir et blanc, le passé en couleurs : manière de défendre le passé, et les morts contre les vivants. Ici, Godard inverse le lieu commun, celui de *La Liste de Schindler* de Spielberg notamment, film hollywoodien sur les camps nazis qui résume ce qu'il ne faut pas faire sur le sujet. À ses yeux, « les Américains n'ont pas de passé, donc ils doivent acheter celui des autres », phrase qui n'a pas aidé la diffusion du film outre-Atlantique. Car les témoins sont encore de ce monde et « le passé n'est pas mort, il n'est même pas passé » (*JLG / JLG*). Dès lors, comme disait Rossellini, pourquoi inventer puisqu'on peut filmer « les choses qui sont là » ?

Ci-contre, photogrammes de la bande-annonce du film.

« Il y a là un problème. C'est une sorte d'audit de l'humanité de la France d'aujourd'hui, vous comprenez. Et avec les jeunes, pas de problème. On les trouve. Il n'est pas besoin de savoir ni qui, ni quoi. Les vieux, pareil. Comme des malades, ou des prisonniers, ou des bébés, ou des morts. Jeunes, vieux, on sait ce que c'est. Pas besoin d'histoire à inventer. Mais les adultes, là,

mais je vais de l'avant"

c'est difficile. Si on les voit qui défilent, par exemple, on ne dit pas : ce sont des adultes qui manifestent. On dit : routiers, profs, infirmières. Il faut ajouter son rôle (emploi) dans la société pour définir

So long...

Dernier long métrage en date, *Notre musique*

peut aisément faire couple avec le film précédent : *Éloge de l'amour* entièrement tourné vers le passé, *Notre musique* cherchant dans le présent les ferments de l'avenir en appliquant le programme du premier. Deux courtes paraboles de dix minutes chacune, « l'enfer », et « le paradis », encadrent donc un « purgatoire » qui constitue l'essentiel du film. L'enfer est celui de toutes les guerres : « Dans les

l'adulte. Pas le jeune ni le vieux. Alors, adieu le documentaire et bonjour Hollywood. »

Extrait du quatrième scénario d'*Éloge de l'amour*, seconde partie

fables, les hommes sont sortis de terre et ont commencé à s'exterminer. »

Ce montage d'extraits passés au ralenti, récoltés dans l'iconographie de toutes les guerres que la caméra a filmées, réelles et fictionnelles, oppose (champ et contrechamp) le document et la fiction, tout deux impuissants à prévenir l'horreur du monde. Ces corps hurlants roulent comme on peindrait la chute des damnés au Jugement dernier – et c'est très beau : fascination coupable. Le purgatoire, c'est Sarajevo, « capitale de la douleur »

❝Au départ, c'était un film beaucoup plus axé sur Israël et la Palestine. J'ai eu le projet d'une adaptation du *Silence de la mer* de Vercors qui se passerait aujourd'hui, dans un appartement palestinien, avec un officier israélien au lieu d'un allemand. Plutôt que rester silencieux, les personnages parleraient entre eux de la Bible, de toute la Bible. Là, j'ai laissé tomber ; je ne me sentais pas capable de refaire toute l'histoire, depuis le début, avec la Bible ! Et puis j'ai participé aux rencontres européennes du livre à Sarajevo ; c'était pendant la guerre, mais le travail culturel continuait dans une sorte d'Alliance française, grâce à un indépendant, Francis Bueb, un fan de livres. Un point commun avec moi. J'aime beaucoup les livres. Même en tant qu'objet. On peut en mettre dans sa poche. Et si le livre est bon, c'est lui qui vous met dans sa poche. J'aurais pu faire un reportage, mais je voulais y aller après les événements, quand les gens n'y vont plus, que l'oubli s'installe. On avait l'impression qu'ils avaient vécu l'enfer et que maintenant c'était le purgatoire.❞
[À gauche, à une présentation de *Notre musique*, avril 2004.]

du conflit bosniaque, mais aussi un lieu où « la réconciliation est possible ». Ville exemplaire, donc, dont Godard dresse un portrait lyrique et documentaire, à travers ses rues, ses marchés, ses tramways, ses ruines hantées par les victimes de toujours (Juifs des camps, Palestiniens des Territoires occupés, Amérindiens exterminés), sa bibliothèque dévastée où les habitants rapportent les livres qu'ils trouvent.

Métaphore du conflit et vecteur de la réconciliation, le champ / contrechamp est ici l'idée centrale, parce qu'il permet de rendre compte de l'altérité de l'autre, seule clef pour rendre possible la réconciliation des forces en conflit : l'imaginaire et la réalité, la vie et la mort, les vainqueurs et les vaincus, les victimes et les bourreaux. Ainsi Godard crée-t-il deux personnages de jeunes femmes aux desseins opposés et aux destins similaires :

Judith, journaliste israélienne d'origine française, est en quête du savoir et du passé ; Olga, Juive française, veut sacrifier sa vie pour l'avenir de la paix. Elle se suicide en Israël en faisant croire à la police que sa valise pleine de livres contient une bombe. On la retrouve au « paradis », ultime section du film, où un personnage lui tend une pomme, celle d'Ève, la pomme de la connaissance. Drôle de paradis, doucement ironique : une nature très suisse au bord d'un lac, territoire indéfini gardé par des marines américains – pour Godard la Suisse est l'Israël de l'Europe – l'air aussi inoffensif que des marins de Cocteau.

Si Godard se montre dans le film, il ne cherche plus à se construire un personnage pétri d'intentions. Ce Godard, qui sort de lui-même pour se projeter dans le monde, n'a désormais plus rien à se prouver, s'il a toujours beaucoup de choses à dire. Rien d'étonnant à ce qu'il prenne aujourd'hui le risque de s'exposer, fût-ce dans les espaces du Centre Pompidou.

❝Si on ressent quelque chose devant les plans de Sarajevo dans *Notre musique* [ci-dessous, « 3ᵉ cercle : Paradis »], c'est qu'on participe à la vision de quelqu'un qui était là-bas tous les jours. [...] Je n'ai pas filmé le marché parce qu'il avait été bombardé ; je n'y ai même pas pensé. C'est juste qu'il était en face du centre culturel et qu'on le voyait tous les jours. Autrefois, certaines mamans faisaient des films de leurs enfants parce qu'elles en avaient besoin. C'était pour elles comme faire un livre. Elles faisaient un album d'images. Il y avait un besoin. Un besoin de la caméra. Un besoin de ma maman, qui avait besoin de sa petite boîte Kodak pour filmer ce qu'elle ne voyait pas avec ses yeux.❞

TÉMOIGNAGES
ET DOCUMENTS

Pierrot le fou, fortune et infortune critique

Il fut un temps où la critique ne craignait pas les extrêmes, de l'enthousiasme à l'insulte, pour peu que le jeu en vaille la peine. Certes, Aragon et Robert Benayoun ne « jouent pas dans la même cour », et il serait vain de comparer le texte d'un critique intelligent et venimeux, et celui d'un des plus grands poètes et écrivains du siècle. Et même si Benayoun tire à boulets rouges, à la fois sur Aragon et sur Godard, gageons que tous trois pourraient se retrouver dans leur haine des tièdes.

Qu'est-ce que l'art, Jean-Luc Godard ?

Aragon compare ici Godard à Delacroix. Nous sommes en 1965. Dix-sept ans plus tard, Godard filmera et « s'appropriera » Delacroix dans Passion. *Ceci expliquerait-il cela ?*

Qu'est-ce que l'art ? Je suis aux prises de cette interrogation depuis que j'ai vu le *Pierrot le fou* de Jean-Luc Godard, où le Sphinx Belmondo pose à un *producer* américain la question : Qu'est-ce que le cinéma ? Il y a une chose dont je suis sûr, aussi, puis-je commencer tout ceci devant moi qui m'effraye par une assertion, au moins, comme un pilotis solide au milieu des marais : c'est que l'art d'aujourd'hui c'est Jean-Luc Godard. […]

Qu'est-ce que j'aurais dit, moi, si Belmondo ou Godard, m'avait demandé : Qu'est-ce que le cinéma ? J'aurais pris autrement la chose, par les personnes. Le cinéma, pour moi, cela a été d'abord Charlot, puis Renoir, Buñuel, et c'est aujourd'hui Godard. Voilà, c'est simple. On me dira que j'oublie Eisenstein et Antonioni.

Vous vous trompez : je ne les oublie pas. Ni quelques autres. Mais ma question n'est pas du cinéma : elle est de l'art. Alors il faudrait répondre de même, d'un autre art, un art avec un autre, un long passé, pour le résumer à ce qu'il est devenu pour nous : je veux dire dans les temps modernes, un art moderne, la peinture par exemple. Pour le résumer par les personnes.

La peinture, au sens moderne, commence avec Géricault, Delacroix, Courbet, Manet. Puis son nom est multitude. À cause de ceux-là, à partir d'eux, contre eux, au-delà d'eux. Une floraison comme on n'en avait pas vue depuis l'Italie de la Renaissance. Pour se résumer entièrement dans un homme nommé Picasso. Ce qui, pour l'instant, me travaille, c'est ce temps des pionniers, par quoi on peut encore comparer le jeune cinéma à la peinture. Le jeu de dire qui est Renoir, qui est Buñuel, ne m'amuse pas. Mais Godard c'est Delacroix.

[…] Il s'agit de ce que l'art de Delacroix ici ressemble à l'art de Godard dans *Pierrot le fou*. Ça ne vous saute pas aux yeux ? Je parle pour ceux qui ont vu le film. Cela ne leur saute pas aux yeux.

Pendant que j'assistais à la projection de *Pierrot*, j'avais oublié ce que je faut, paraît-il dire et penser de Godard. Qu'il a des tics, qu'il cite celui-ci et celui-ci là, qu'il nous fait la leçon, qu'il se croit ceci ou cela… enfin qu'il est insupportable, bavard, moralisateur (ou immoralisateur) : je ne voyais qu'une chose, une seule, et c'est que c'était beau. D'une beauté surhumaine. Physique jusque dans l'âme et l'imagination. […] Mais le lecteur d'aujourd'hui supporte mal le superlatif. Tant pis. Je pense de ce film qu'il est d'une beauté sublime. C'est un mot qu'on emploie plus que pour les actrices et encore dans le langage des coulisses. Tant pis. Constamment d'une beauté sublime. Remarquez que je déteste les adjectifs.

[…] C'est donc comme *Sardanapale*, un film en couleur. Au grand écran. Qui se distingue de tous les films en couleur par ce fait que l'emploi d'un moyen chez Godard a toujours un but, et comporte presque constamment sa critique. Il ne s'agit pas seulement du fait que c'est bien photographié, que les couleurs sont belles… C'est très bien photographié, les couleurs sont très belles. Il s'agit d'autre chose. Les couleurs sont celles du monde tel qu'il est, comment est-ce dit ? Il faudrait avoir bien retenu : Comme la vie est affreuse ! Mais elle est toujours belle. Si c'est avec d'autres mots, cela revient au même. Mais Godard ne se suffit pas du monde tel qu'il est : par exemple, soudain, la vue est monochrome, toute rouge ou toute bleue comme pendant cette soirée mondaine, au début, qui est probablement le point de départ de l'irritation pour une certaine critique […]. La couleur, pour J. L. G., ça ne peut pas n'être que la possibilité de nous faire savoir si une fille a les yeux bleus ou de situer un monsieur par sa Légion

d'honneur. Forcément, un film de lui qui a les possibilités de la couleur va nous montrer quelque chose qu'il était impossible de faire voir avec le noir et blanc, une sorte de voix qui ne peut retentir dans le muet de couleurs.

[…] Si je voulais aussi, j'aborderais J. L. G. par le rivage des peintres pour chercher origine à l'une des caractéristiques de son art dont on lui fait le plus reproche. La citation, comme disent les critiques, les collages comme j'ai proposé que cela s'appelle, et il m'a semblé voir, dans des interviews, que Godard avait repris ce terme. Les peintres ont les premiers usés du collage au sens où nous l'entendons, lui et moi, dès avant 1910 et leur emploi systématique par Braque et Picasso : il y a, par exemple, Watteau dont *L'Enseigne de Gersaint* est un immense collage, où tous les tableaux au mur de la boutique et le portrait de Louis XIV par Hyacinthe Rigaut qu'on met en caisse sont cités comme on se plaît à dire. Chez Delacroix, il suffit d'un tableau de 1824, *Milton et ses filles*, pour trouver « la citation » en tant que procédé d'expression. Il y avait quelque provocation à prendre pour sujet de peinture un homme qui ne voit point afin de nous montrer sa pensée : l'aveugle pâle est assis dans un fauteuil appuyant sa main sur un tapis de table brodé, dont ses doigts palpent les couleurs devant un pot de fleurs qui lui échappe.

Il faut bien au bout du compte se faire à l'idée que les collages ne sont pas des illustrations du film, qu'ils sont le film même. Qu'ils sont la matière même de la peinture, qu'elle n'existerait pas en dehors d'eux. Aussi tous ceux qui persistent à prendre la chose pour un truc feront-ils mieux à l'avenir de changer de disque. Vous pouvez détester Godard, mais vous ne pouvez pas lui demander de pratiquer un autre art que le sien, la flûte ou l'aquarelle. Il faut bien voir que Pierrot qui ne s'appelle pas Pierrot, et qui hurle à Marianne : Je m'appelle Ferdinand ! se trouve juste à côté d'un Picasso qui montre le fils de l'artiste (Paulo enfant) habillé en pierrot. Et en général, la multiplication des Picasso aux murs ne tient pas à l'envie que J. L. G. pourrait avoir de se faire prendre pour un connaisseur, quand on vend des Picasso aux Galeries Lafayette. L'un des premiers portraits de Jacqueline, de profil, est là pour, un peu plus tard, être montré la tête en bas parce que dans le monde et la cervelle de Pierrot tout est *upside down*.

[…] Ce qu'on lui reproche surtout, à Godard, ce sont les collages parlés : tant pis pour qui n'a pas senti dans *Alphaville* (qui n'est pas le film que je préfère de cet auteur) l'humour de Pascal cité de la bouche d'Eddie Constantine devant le robot en train de l'interroger. On lui reproche, au passage, de citer Céline. Ici *Guignol's band* : s'il me fallait parler de Céline on n'en finirait plus. Je préfère Pascal, sans doute, et je ne peux pas oublier ce qu'est devenu l'auteur du *Voyage au bout de la nuit*, certes. N'empêche que *Le Voyage*, quand il a paru, c'était un fichument beau livre et que les générations ultérieures s'y perdent, nous considèrent comme injustes, stupides, partisans. Et nous sommes tout çà. Ce sont les malentendus des pères et des fils. Vous ne les dénouerez pas par des commandements : « Mon jeune Godard, il vous est interdit de citer Céline ! » Alors, il le cite, cette idée.

Pour ma part, je suis très fier d'être cité (collé) par l'auteur de *Pierrot* avec une constance qui n'est pas moins remarquable que celle qu'il apporte à vous flanquer Céline au nez. Pas moins remarquable, mais beaucoup moins

remarquée par MM. les critiques, ou parce qu'ils ne m'ont pas lu, ou parce que ça les agace autant qu'avec Céline, mais n'ont pas avec moi les arguments que Céline leur donne, alors il ne reste que l'irritation, et le passé sous silence, l'irritation pire d'être muette. Dans *Pierrot le fou* un grand bout de *La Mise à mort…*, bien deux paragraphes, je ne connais pas mes textes par cœur, mais je les reconnais, moi, au passage… dans la bouche de Belmondo m'apprend une fois de plus cet espèce d'accord secret qu'il y a entre ce jeune homme et moi sur les choses essentielles : l'expression toute faite qu'il la trouve chez moi, ou ailleurs, là où j'ai mes rêves (la couverture de *l'Âme* au début de *La Femme mariée*, *Admirables Fables* de Maïakovski, traduit par Elsa, dans *Les Carabiniers*, sur la lèvre de la partisane qu'on va fusiller). […] Quand, au Salon de 1859, la critique exécute Delacroix c'est Baudelaire qui répond pour lui, et le peintre écrit au poète : « Ayant eu le bonheur de vous plaire, je me console de leurs réprimandes. Vous me traitez comme on ne traite que les grands morts. Vous me faîtes rougir tout en me plaisant beaucoup : nous sommes faits comme cela… »

Je ne sais pas trop pourquoi je cite, je *colle* cela dans cet article : tout est à la renverse, sauf que oui, dans cette petite salle confidentielle, noire, où il n'y avait qu'Elsa, quand j'ai entendu ces mots connus, pas dès le premier reconnu, j'ai rougi dans l'ombre. Mais ce n'est pas moi qui ressemble à Delacroix. C'est l'autre. Cet enfant de génie.

Voyez-vous, tout recommence. Ce qui est nouveau, ce qui est grand, ce qui est sublime attire toujours l'insulte, le mépris, l'outrage. Cela est plus intolérable pour le vieillard. À soixante et un ans, Delacroix a connu l'affront, le pire de ceux qui distribuent la gloire. Quel âge a-t-il, Godard ? Et même si la partie était perdue, la partie est gagnée, il peut m'en croire.

[...] Combien y a-t-il déjà de films de Godard ? Nous sommes tous des Pierrot le fou, d'une façon ou de l'autre, des Pierrot qui se sont mis sur la voie ferrée, attendant le train qui va les écraser puis qui sont partis à la dernière seconde, qui ont continué à vivre. Quelles que soient les péripéties de notre existence, que cela se ressemble ou non, Pierrot se fera sauter, lui, mais à la dernière seconde il ne voulait plus. Voyez-vous tout cela que je dis paraît de bric et de broc : et ce roman qui s'amène là-dedans comme une fleur... Si j'en avais le temps, je vous expliquerais. Je n'en ai pas le temps. Ni le goût d'*optimiser*. Mais pourtant, peut-être, pourrais-je encore vous dire que tant pis pour ce qu'on était et ce qu'on est devenu, seulement le temps passe, un jour on rencontre un Godard, une autre fois un Fouchard. Pour la mauvaise rime. Et voilà que cela se ressemble, que cela se ressemble terriblement, que cela recommence, même pour rien, même pour rien. Rien n'est fini, d'autres vont refaire la même route, le millésime seul change, ce que cela se ressemble...

Je voulais parler de l'art. Et je ne parle que de la vie.

Louis Aragon,
« Qu'est-ce que l'art,
Jean-Luc Godard ? »,
Les Lettres françaises,
n° 1096, septembre 1965

Pierrot le fou – La machine à décerveler

Au moment où la critique française, littéralement terrorisée par une rhinocérite aiguë, se roule au sol dans un compromis musical entre la crise de nerfs, le caprice, la pâmoison, le mal de Parkinson, le nirvâna et la colite, nous sommes heureux, à *Positif*, de posséder, contre cet épuisant fléau, un antidote foudroyant qui est en vente dans nos bureaux pour le prix modique d'un article d'Aragon.

N'en déplaise aux quelques belles dames emperlousées qui s'en viennent parfois, yeux révulsés et les orteils en vilebrequin, me confier brutalement que Jean-Luc Godard, Zarathoustra du mégaphone, leur procure, sans suite fâcheuse, les joies identifiables de la conception, je n'ai pas encore trouvé chez cet auteur, au timbre ferme, l'équivalent de l'éclair fugitif d'intelligence qu'on remarque dans certains états comateux au soixantième jour de sérum.

« Qu'est-ce que j'peux faire ? J'sais pas quoi faire ! », ce résumé glorieux du programme intellectuel de Jean-Luc, ânonné dans *Pierrot le fou* par une Karina ramenée au perroquet, devient un Évangile de la régression. Le processus de répétition, de morne plaquage, de mise bout à bout, que quelques très ratatinés bas-bleus ont le front d'intituler *collage*, est devenu l'hilare système de pensée de notre actuel régime castrateur, où le fourre-tout, méthode favorite d'André Malraux, engendre chez nos maîtres à penser une catatonie toute voisine de la momification. Godard, en assemblant un puéril *scrapbook* de calembours, de réflexions stupides empruntées à ses amis, et de bonnes pages cérébrales, passe pour dominer un matériel qui, en fait, le domine, lui, et devient le lauréat gaulliste d'un cinéma-drugstore, ou self-service, qui représente obstinément la France dans les Festivals Internationaux (puisqu'il fabrique désormais un film par festival). Il n'y a plus de choix possible, on nous le dit en toute démagogie : ce sera Godard ou le néant.

Personnellement, je ne vois là aucune alternative. Il y a Godard (autrement dit le Néant) et il y a, d'autre part, un certain cinéma français qui va de Malle à Cavalier, en passant par Enrico, Jessua, Resnais, Marker, Allio, Gatti et qu'on peut facilement définir comme l'anti-Godard, sur le plan intellectuel comme sur, je m'excuse, le plan moral.

En effet, au moment où Jean-Luc, après des intermèdes moraviens ou pseudo-dreyeriens, s'en retourne à sa bonne période extrémiste du *Petit Soldat* et des *Carabiniers*, il semble difficile de soutenir, comme l'on fait parfois, que ce Suisse indécrottable souffre d'un complexe d'indifférentisme qui le rend imperméable aux nuances de la politique. Je sais que l'élite papillonnante de notre capitale qui trouve dans le confusionnisme l'échappatoire et le vague exquis une sorte d'excitant, voudrait accréditer la notion d'une sphère irresponsable et cotonneuse où l'enfant chéri continuerait avec de délicieux gros mots à flatter son mépris du contenu, et sa peur atroce du signifiant. Mais Godard est le contraire d'un inconscient. Serait-il bouché à l'émeri (ce que je ne crois pas entièrement), il lui reste encore des réflexes révélateurs : celui, par exemple, de résoudre tout par l'ascendance de la force brutale : Pierrot et sa compagne traversent la France en dévalisant ou assassinant pratiquement tout le monde. La liberté qu'on vante tant chez lui n'est revendiquée que pour les cadavres, et l'anarchie « de droite » consiste à revendiquer le monde en tant qu'objet, terrain de manœuvres activistes, ou carton de cible. La fascination de Godard pour les armes à feu, les « bang ! bang ! » et le geste éliminateur (pouvant servir de conclusion à pratiquement toute situation donnée) ne traduit pas seulement sa puérilité, mais ce goût destructeur indiscriminé des imaginations stériles, chez lesquelles elle remplace toute activité créatrice réelle, toute générosité.

Ce niveau infantile, cultivé, artificiellement dans l'ombre de Céline, est à la fois un alibi et une facilité. L'emploi inoffensif des jeux de mots du genre « Allons-y, Alonzo » cache des détournements plus hypocrites. Godard déprécie les bandes dessinées dans le même sens que les tableaux militaristes en *comics* du peintre pop Roy Lichtenstein. Dans son recours aux *Pieds-Nickelés*, il raye à fort bon compte une image souriante des forces libertaires, au profit de Pierrot, personnage veule, bas, dénué de charme et dont l'inconscience est poussée jusqu'à l'aphasie mentale, même si par pur snobisme on lui fait lire Élie Faure ou déclamer Lorca. De même, l'anecdote poujadiste sur les cosmonautes russo-américains, qui renvoie commodément (comme dans *Alphaville*) le communisme et le capitalisme dos à dos, l'allusion complaisante aux gaietés de la baignoire, le sketch minable de Belmondo et Karina sur la guerre du Vietnam, se parent des attributs de l'imbécillité, milieu ambiant de Jean-Luc et de ses laudateurs, mais révèlent un certain nombre de nostalgies, certes végétatives, mais qui dépassent de beaucoup le stade de l'embryonnaire.

J'ai parlé de Céline. Dans l'admiration que Godard voue à ce cabot surestimé, il y a le vœu secret de pouvoir faire passer, si j'ose dire, dans le mouvement, dans le déballage pêle-mêle de tout ce qui se présente à lui sur le plateau ou dans les quotidiens, une certaine idée de l'automatisme, bref à fabriquer de la spontanéité, dans un recours filmé au happening, dont on sait qu'il est le recours ultime des ratés qui sabotent l'art pour n'avoir pas à l'approcher. Or l'automatisme, les surréalistes l'ont bien prouvé, n'est pas à la portée de tous les inconscients. Pour le pratiquer, il faut être poète, on ne devient pas poète en le pratiquant. Le cinéma de Godard, c'est le cinéma de quelqu'un qui cherche sans trouver (Picasso : « Je ne cherche pas, je trouve. ») et qui remplace l'appréciation de la trouvaille par une jubilation de l'inaccompli et du salopé, laquelle n'existe que chez les partisans de l'ordre, de l'académisme et de l'officiel.

À ce propos, il faudrait tout de même que l'on explique à Aragon que, dans le vrai « collage », l'image poétique ne se forme qu'à partir de deux réalités *distantes*, lesquelles se situent l'une l'autre selon une dialectique secrète inaccessible à un simple manieur de ciseaux. Faire un collage, ce n'est pas coller n'importe quoi n'importe où. Si on peut parler de collage à propos de la séquence finale de *Duck Soup* (« À la Rescousse ! »), ou à propos de la carte postale des Champs-Élysées dans *La Mort en ce jardin*, on verra dans les deux cas une image-choc reproduite, non par la force du montage, c'est-à-dire de la « collure », mais par le choix de deux, ou plusieurs réalités en totale rupture, et qu'éclaire une vraie conscience de l'absurde et de l'irrationnel. À l'ère du *Traité du style*, Aragon eût pu apprécier ce genre d'illumination poétique, mais l'actuel Aragon est à la mesure du Delacroix que, Baudelaire velléitaire, il s'est ridiculement choisi dans une page mémorable et burlesque. Les faveurs d'un grand « diminué » de la littérature ne manquent pas de pathétique, il est bien vrai. Le vrai titre de gloire, en 1965, le vrai certificat d'authenticité intellectuelle, ce serait de n'être pas compris par Aragon.

À ce jour, les films de Godard représentent une inadéquation complète de l'homme au matériel hétéroclite qu'il prétend manipuler au petit bonheur, une prise de parole basée sur la certitude sereine de n'avoir encore rien à dire (ce n'est pas en parlant que l'on devient *causeur*), un désir rétrograde de faire passer l'intelligence et la responsabilité au rang des accessoires ornementaux ou superflus. Godard, qu'il veuille faire du chic et du joli avec de l'incompris ou du refoulé, incarne un tripotage particulièrement lamentable des formes expressives, une déchéance du goût, de l'analyse et de la conscience qui pouvait faire croire à une crise de l'entendement, si elle affectait autre chose qu'une coterie gesticulante et démultipliée, celle qu'on catalogue dans le « Tout-Paris » parce qu'elle s'étourdit de son propre bruit, et que l'on peut doter, comme dit Ducasse, d'une notable quantité d'importance nulle. À Venise, *Pierrot le fou* faisait ce qu'on appelle, charitablement, un *bide*. Les moyens d'intimidation qui fonctionnent sous les latitudes exotiques des Champs-Élysées n'y ont encore conditionné que les cerveaux mous et les défectueux du bout de gras. Il est vrai que ces derniers ont le coup de téléphone plus rapide que la fusée Diamant, et le cri plus strident que le Mystère à réaction. Mais Étaix et Chabrol nous enseignent un sain usage des boules Quiès. Installons-nous tranquillement dans la cybernétique à venir : 3 films par an, 3 festivals, 3 grands prix à dormir debout pour les jurés, 33 articles utilisant les 3 333 épithètes dithyrambiques que nous livre Littré, 33 titres interchangeables pour les tableaux que cite Louis Aragon, 333 orgasmes pour Cournot. Qui se lassera le premier ? Je me pose la question avec l'angoisse fébrile, l'œil hagard et le sérieux d'Albert Neumann.

Robert Benayoun,
« Pierrot le fou
– La machine à décerveler »,
Positif, n° 73, février 1966

Godard et l'Histoire : autour des *Histoire(s) du cinéma*

Les Histoire(s) *du cinéma de Jean-Luc Godard sont exceptionnelles à plus d'un titre : non seulement par leur ampleur (huit épisodes, quatre heures et demie de programme, dix ans de travail), par leur pouvoir de fascination, par leur beauté plastique et sonore – musicale, plus exactement –, voire leur statut incontesté de chef-d'œuvre (à ce titre, elles font partie des collections du Musée national d'art moderne), mais encore par la vision du monde, de l'histoire et du cinéma que portent ces* Histoire(s)*…*

… Une thèse paradoxale au sens propre, radicale, pertinente, discutable, excitante, selon laquelle « seul le cinéma » aurait pu dire, montrer, faire l'Histoire. Quelle histoire ? Toutes les histoires (d'où le pluriel) : les histoires qu'on se raconte, celles que le cinéma raconte ; les histoires individuelles, celle de Godard au premier chef ; l'Histoire collective enfin, avec majuscule. Et cette histoire du cinéma est celle d'un échec historique, celle d'un art nouveau-né qu'on n'aurait pas laissé grandir, qu'on aurait tué au sortir de l'adolescence. Godard, qui déclarait à l'époque de Pierrot le fou *« J'attends la fin du cinéma avec optimisme », en prononce ici le requiem. En vidéo. Pour illustrer cette thèse, nous avons choisi des extraits de deux entretiens accordés par Godard, à quatorze ans d'intervalle, au journal* Libération*, à Serge Daney en 1988, et Antoine de Baecque en 2002.*

Le cinéma, c'est l'Histoire

Serge Daney : *L'héritage du cinéma semble écrasant. Est-ce qu'en faire aujourd'hui l'histoire consiste à transmettre une boîte à outils en vue d'un nouveau questionnement (que d'autres, plus jeunes, feront) ? Ou bien on se contente de dire : voilà ce qui a été vu, ce qui a été visible, et dont je suis le dernier dépositaire possible ?*

Jean-Luc Godard : Ce serait plutôt ce que tu dis en deuxième… Moi, je crois à l'homme dans la mesure où il fait des œuvres. Les hommes doivent être respectés dans la mesure où ils font des œuvres, que ce soit un cendrier, une machine à zapper, une bagnole, un film ou une peinture. De ce point de vue-là, je ne suis pas du tout humaniste. […] François [Truffaut] a dit « politique des auteurs ». Aujourd'hui, on n'en garde que le mot « auteurs » mais ce qui était intéressant, c'était le mot « politique ». Les auteurs, c'est pas important. […]

Moi, je crois à l'œuvre, à l'art, à la nature, et je crois que l'œuvre d'art a un but indépendamment, que l'homme est là pour l'aider, qu'il y participe.

Alors je dirais plutôt : voilà, il y a quelque chose qui a existé et qui était relativement unique, le cinéma. […] C'était la seule fois depuis les quatre cents derniers millions d'années qu'une certaine manière de raconter des histoires était « de l'histoire ». […] Si tu dis que Copernic, vers 1540, a amené cette idée que le soleil a cessé de tourner autour de la Terre. Et si tu dis qu'à quelques années près, Vésale a publié *De corporis humanis fabrica*, où l'on voit l'intérieur du corps humain, le squelette, les écorchés. Bon, tu as Copernic dans un bouquin, et tu as Vésale… Et puis, quatre cents ans plus tard, tu as François Jacob qui dit : « La même année, Copernic et Vésale… » Eh bien là, il ne fait pas de la biologie, Jacob : il fait du cinéma. Et l'histoire n'est que là. De même quand Cocteau dit : si Rimbaud avait vécu, il serait mort la même année que le maréchal Pétain. Alors, tu vois le portrait de Rimbaud jeune, tu vois le portrait de Pétain en 1948, et tu mets les deux et là, tu as une histoire, tu as « de » l'histoire. Ça, c'est le cinéma. […] Et puis il y a cette chose qui reste entièrement à l'intérieur du cinéma et qui est le montage. Mon idée de praticien, de jardinier du cinéma, c'était qu'un des buts du cinéma, c'était d'inventer le montage tel que je viens de le décrire d'une manière simple, avec Copernic et Vésale. […] Mais, le montage, le cinéma ne l'a jamais trouvé. Il y a eu quelque chose qui a disparu à l'époque du parlant : et c'est la langue, c'est les mots qui ont pris le dessus… […] Il y a un grand combat entre les yeux et la langue. […] Car la langue dit tout de suite : c'est une sinusite, c'est du montage. Avec

le cinéma, il y eut un signe que quelque chose était possible si on se donnait du mal pour appeler les choses par leur nom. Que c'était une nouvelle manière – qu'on n'avait jamais vue – d'appeler les choses par leur nom et qui, en plus, était vaste et populaire car elle avait besoin du public immédiatement. […] Le cinéma appartient au visuel, le visuel auquel on n'a pas – c'est mon idée – laissé trouver une parole. […] La Nouvelle Vague a été effectivement exceptionnelle parce qu'elle a cru – parce qu'elle était la suite de Langlois et d'autres avant lui – *elle a cru ce qu'elle voyait*. C'est tout. […]

S. D. : *La télévision nous donne peu de nouvelles du monde, et encore, elle les donne d'un point de vue étroit, villageois… ce qui était moins le cas du cinéma.*

J.-L. G. : Pour moi, ça c'est clarifié quand je me suis aperçu, au bout d'un certain nombre d'années, qu'on n'avait pas montré les camps de concentration. Qu'on en avait, en gros, parlé, mais qu'on ne les avait pas montrés. […] Alors que les camps, c'était la première chose à montrer, au sens où on a montré la démarche de l'homme par le fusil chronophotographique de Marey ou des choses comme ça. On n'a pas voulu les voir. Et là, ça s'est arrêté et j'ai pensé que la Nouvelle Vague n'était pas un début, mais une fin. […] Il y a eu un dernier sursaut, qui a été le néo-réalisme italien. Puis un sursaut de sursaut qui était la Nouvelle Vague, qui venait du néo-réalisme italien. Ensuite, il y a eu Fassbinder qui, pour moi, serait presque le seul. Comme Antée, qui était gros et fort, et qui essaie de reprendre ça dans son coin, dans son jardin…

[…] Il est mort d'une espèce d'overdose d'obligations créatives. Et après est venu ce qu'on connaît.

Libération, 26 décembre 1988

Se regarder en face

Tout ça pour dire / qu'est-ce qui fait / qu'en quarante / quarante cinq / il n'y a pas eu de cinéma de résistance / non qu'il n'y a pas eu de films de résistance / à droite, à gauche / ici et là / mais le seul film / au sens de cinéma / qui a résisté à l'occupation du cinéma / par l'Amérique / à une certaine manière uniforme / de faire le cinéma / ce fut un film italien / ce n'est pas par hasard / l'Italie a été le pays / qui s'est le moins battu / qui a beaucoup souffert / mais qui a trahi deux fois / et qui a donc souffert / de ne plus avoir d'identité / et s'il l'a retrouvée / avec Rome ville ouverte / c'est que le film était fait / par des gens sans uniforme / c'est la seule fois [...] avec Rome ville ouverte / l'Italie a simplement / reconquis le droit / pour une nation / de se regarder en face / et alors est venue / l'étonnante moisson du grand cinéma italien.

> *Histoire(s) du cinéma,*
> « 3a La monnaie de l'absolu »,
> commentaire parlé de Godard

Dictature du commentaire

Antoine de Baecque : *Vous revenez toujours à l'histoire du cinéma et à celle du siècle, comme s'il s'agissait d'un ancrage solide.*

Jean-Luc Godard : Mon histoire croise ces histoires, leurs silences, leurs passions. C'est un peu un album de souvenirs, le mien, mais aussi celui de bien des gens, de plusieurs générations qui ont cru à l'aurore. Le cinéma, au XXᵉ siècle, a été l'art qui a permis aux âmes – comme on disait dans les romans russes – de vivre intimement leur histoire dans l'Histoire. On ne verra plus jamais une telle fusion, une telle adéquation, un tel désir de fictions et d'Histoire ensemble. [...] Ayant vécu cinquante ans de cinéma, il est normal que je finisse par le relier aussi bien à ma propre vie qu'à celle des hommes de mon temps. Seul le cinéma a tenu ensemble ce « je » et ce « nous ».

A. de B. : *C'est cette accumulation historique qui fait le prix du cinéma ?*

J.-L. G. : Aujourd'hui, en vidéo, je garde davantage de documents historiques que de films. Mais c'est la même chose, je ne fais pas la différence. De ce point de vue, entre un extrait du procès de Nuremberg et un plan d'Hitchcock : les deux racontent ce que nous avons été, les deux sont du cinéma.

A. de B. : *Ce qui fait l'Histoire, ce sont ces rapprochements ?*

J.-L. G. : C'est ce qu'on voit, avant de le dire, en rapprochant deux images : une jeune femme qui sourit dans un film soviétique n'est pas exactement la même que celle qui sourit dans un film nazi. Et le Charlot des *Temps modernes* est exactement le même, au départ, que l'ouvrier de Ford quand il a été filmé par Taylor. Faire de l'Histoire, c'est passer des heures à regarder ces images puis, d'un coup, les rapprocher, provoquer une étincelle. Cela construit des constellations, des étoiles qui se rapprochent ou s'éloignent, comme le voulait W. Benjamin. Le cinéma, vécu comme cela, fonctionne alors comme une métaphore du monde. Il reste un archétype, impliquant ensemble l'esthétique, la technique, la morale.

A. de B. : *On a l'impression que ce qui vous intéresse, ce sont ces rapprochements, ce montage, ces collages, mais qu'ensuite le commentaire vous rebute.*

J.-L. G. : Le commentaire est la première super puissance mondiale : on croule sous les notes d'intentions, les analyses diplomatiques, les biographies interprétatives. Le commentaire est devenu une sorte de vedette mondaine. Mais c'est aussi un formidable pouvoir

j'étais seul
perdu, comme on dit
dans mes pensées

d'intimidation et de normalisation des écarts : comment (faire) taire ce qui échappe aux idées toutes faites. Les récentes images du 11 Septembre sont un exemple type de la prolifération du commentaire, et de sa puissance cancérigène.

A. de B. : *C'est-à-dire ?*

J.-L. G. : Passé l'effet de stupéfaction devant la destruction de la maison du père, on a vu toujours la même chose. Ou plutôt, on n'a rien vu. Des images en boucle, toujours les mêmes, bégayées par une armée de speakers. Tout ce qui pouvait choquer, déranger, indigner, a été systématiquement nettoyé. Pas un corps, pas de traces de violence, sinon la grandeur des ruines. Tout ce qui était en deçà ou au-delà de la fiction ne trouvait pas sa place. Les gens ont pris l'événement comme une histoire de plus, même inimaginable – mais c'est le propre des films dits américains que d'être incroyables. Et tout ce qui pouvait aller contre, des morts bien réels, des choses plus profondes et plus douloureuses que le simple « axe du mal », a été par système mis de côté. Que les citoyens des USA ne supportent pas de voir leur mort en face

est une chose, mais qu'ils remodèlent l'image en la clonant par du texte devient très troublant. Ils sont dans la propagande purifiée. On finit par ne plus devoir rien montrer. Alors règne, en maître incontesté, le commentaire de l'événement transformé en stéréotype visuel universel. […]

A. de B. : *La lutte entre l'Amérique et l'islamisme, c'est aussi une guerre des images ?*

J.-L. G. : À l'âge du numérique, ces mots me semblent relever de traditionnels clichés. Une image, même icône, ne fait pas la guerre, puisque d'abord relation vers l'autre, et non destruction. La guerre est le seul fait du texte, celui qui inter-dit cette rencontre et, par suite, la naissance d'un véritable texte : loi, prière ou poésie. […] Presse et télévision, les deux vilaines sœurs, n'ont pas supporté que Cendrillon puisse se revêtir de la « robe sans couture de la réalité » dont parlait A. Bazin. En bref, l'image, dans son bel ensemble, n'est pas sortie indemne du 11 Septembre. Et le commentaire s'est chargé, sans état d'âme, de la recouvrir de haillons, comme s'il fallait rééduquer une délinquante.

Libération, 6 avril 2002

Godard s'expose. Prémices d'une exposition

Ce texte reproduit de larges extraits d'une présentation du projet initial d'exposition de Jean-Luc Godard au Centre Pompidou, « Collage(s) de France, archéologie du cinéma d'après JLG ». Son auteur, Dominique Païni, a accompagné Godard comme commissaire de cette exposition, jusqu'aux tout derniers mois de son élaboration – jusqu'à ce que le cinéaste décide d'assumer seul son projet, sous le nouveau titre de « Voyage(s) en utopie, Jean-Luc Godard, 1946-2006 ».

Dans les années 90, le cinéaste fut à plusieurs reprises convié à concevoir une exposition ou plus vaguement à intervenir dans l'espace muséal. L'exposition dont il conçoit le projet en 2005 et 2006 n'est pas sans entretenir des relations lointaines, délibérées ou non, avec le musée conçu par Henri Langlois dans les années 70 au palais de Chaillot. On retrouvait ainsi le parti pris de confronter des témoignages matériels et des souvenirs immatériels de cinéma. Langlois n'hésita pas à associer des objets de cinéma réels (caméras, accessoires, costumes), des traces de la réalité économique et médiatique (photos, affiches, contrats), des témoignages de la fabrication des films (*scenarii*, *story-boards*, maquettes…), des évocations lyriques et nostalgiques (reproduction de photogrammes, décors reconstitués réduits, scénographies délirantes)… Sans doute, ces partis pris expliquaient-ils le principe de *reproduction*, principe à l'œuvre au sein du parcours du musée Langlois comme des « Collage(s) de France ». Dans ces derniers, les duplications d'œuvres picturales, les photos d'agence, les extraits littéraires sont rapportés à un même principe de *reproduction*. Le cinéma se mesure ainsi aux autres productions d'images à l'aune d'un même statut, d'un dénominateur commun en quelque sorte, celui qu'impose l'exposition de cinéma et cela conduit à interroger le fonctionnement même de cette dernière.

Le caractère inédit de ce projet d'exposition résidait pour une part dans son allure environnementale qui pouvait à première vue évoquer le décor de cinéma habituellement reconstitué en studio. Déjà dans *Passion*, le cinéaste s'y était risqué, mais il s'agit ici de tout autre chose encore. C'est par une utilisation de l'espace qu'était décrit un processus temporel, qui était celui de *la pensée elle-même*. Le visiteur était invité par sa déambulation à réfléchir à la matière-temps du cinéma qui incarne visuellement la pensée dans un film. C'est en marchant qu'il découvrait progressivement le processus de la conception cinématographique : un film est un certain agencement de durées comme Maurice Denis parla de la peinture comme d'un certain ordre agencé des couleurs. [...] L'enchaînement des salles ne respectait pas un ordre didactique qui reconstituait la création d'un film. Le visiteur s'affrontait plutôt à une sorte de grand puzzle qu'il fallait ordonner mentalement. [...]

Les années 80 furent l'époque de ce qui paraît un plus grand souci du « décor » selon son acception traditionnelle et où se rencontraient également la peinture et la chorégraphie : les grands tableaux reconstitués dans *Passion* et les gesticulations des acteurs (Michel Piccoli et Isabelle Huppert). L'agitation des corps est en effet essentielle dans les films de ces années (*Prénom Carmen*, *Détective*, *King Lear*), comme si les élans hystériques des personnages s'opposaient, et fusionnaient à la fois, avec la forte dominante picturale des plans. Les tableaux reconstitués comme des décors de cinéma, dérangés par le mouvement des acteurs et du montage, devenaient des étapes de la pensée. Enfin, il faut remarquer, des années 80 à la période la plus récente, le parti pris des films qui utilisaient des « sites trouvés », fortement marqués par une dimension architecturale relativement grandiose s'accordant avec l'emprunt de morceaux musicaux symphoniques : des espaces des grands hôtels (*Détective*) à ceux de la bibliothèque détruite de Sarajevo (*Notre musique*). Les lieux de tournage, y compris les plus monumentaux, paraissent avoir été fabriqués pour les besoins du film. La musique, la profondeur de la bande-son (chevauchements des extraits musicaux, surimpression des bruits, feuilletage d'ambiances sonores) et le niveau d'amplitude sonore accrurent cette monumentalité.

Le son unifiait parfois l'ensemble de l'espace : par exemple à l'époque de *Nouvelle Vague* ainsi que dans les *Histoire(s) du cinéma*, un croassement de corneille ou de corbeau revient avec insistance. Ce cri donne le sentiment d'une marque apposée sur les décors, d'une griffe sonore qui signe l'image. Ce bruit aux frontières du désagréable, cette déchirure sonore d'un oiseau noir rappelait le graphisme d'un trait de feutre noir. On se souvient que le cinéaste a travaillé souvent avec des crayons-feutres pour les cartons de ses films. Il faut voir ici une manière de s'approprier et de signer un environnement déjà là.

[...] Des maquettes successives du parcours ont été réalisées pour condenser le sens, pour finaliser la pensée. Et le résultat fut au-delà de la gratuité esthétique : c'était plutôt l'introduction d'un incendie dans l'institution muséale, car ce qui à l'échelle de la réalité extérieure cohabitait lointainement, s'enflammait dans le rapprochement et le *frottement* des documents collés. Aussi, le cinéaste devenu architecte put-il redouter la réalisation agrandie de ses maquettes et être tenté de les revendiquer de moins en moins comme siennes lorsqu'elles auraient retrouvé l'échelle équivalente à celle du monde (*archéologie du cinéma « d'après JLG »*...).

Ce projet d'exposition relevait d'emblée de l'essai moral. Mais le parti environnemental émettait simultanément les effets d'une fiction dont le personnage principal était JLG lui-même. Sa pensée en mouvement plus exactement, organisée en un parcours d'exposition. Cela pouvait d'une certaine manière faire songer au rêve d'Eisenstein de filmer *Le Capital* de Marx, autrement dit mettre en scène une sorte de théorème… « Collage(s) de France » était une invitation à un voyage intime perméable aux séismes du monde. C'est de la tension entre ces deux pôles – fiction autobiographique / enquête – que jaillissait la poésie. [...]

« Collage(s) de France » était une utopie irréalisable par le film. Cette utopie c'était celle d'un équilibre orageux entre la fiction et le jugement esthétique et éthique, entre la croyance et la leçon proférée. Ce possible utopique du cinéma c'était le cinéma qui se faisait pensée. On se souvient que le cinéaste n'a jamais cessé d'être intéressé par ce qui est divisé. Par exemple dans la première salle étai inscrit « Hollywood, la Mecque du cinéma ». Hollywood était mis du côté de la croyance, confronté sur le mur d'en face à l'image documentaire d'une famille algérienne. La fiction marche à la croyance, le documentaire au constat. De cette division naît le thème du personnage du cinéaste partagé entre le projet et le résultat, la conception et la perception, l'exception et la règle… le film et le cinéma. *Soigne ta droite*, *Sauve qui peut (La Vie)*, *Prénom Carmen*, *Éloge de l'amour* racontèrent tous à leur manière cette division et l'exposition en devenait le refuge utopique de la résolution. Mais le cinéaste du *Mépris* et de *Passion* se mettait aussi en péril dans ce refuge : est-ce qu'en allant au musée il restait un cinéaste ? Au prix de quel renoncement ou de quel détour continuait-il à faire des films ? Le cinéma existait-il sans les films ?

La division était ailleurs. D'un côté, le monde du cinéma qui ne se sent pas concerné par le fait que le cinéaste conçoive une exposition, et de l'autre, le monde des musées, embarrassé avec la notion et l'utilisation de la *reproduction*, tant sur le plan économique, qu'esthétique ou moral. Par cette exposition, la reproduction était en effet introduite dans un lieu qui a pour vocation d'exposer des originaux non reproductibles, un lieu fondé sur l'authenticité et l'inaliénabilité. Par contre, ce qu'il voulait exposer est dénué de toute valeur. C'est en se servant de la reproduction que Jean-Luc Godard s'introduisait paradoxalement dans le monde muséal. En fait, il se situe depuis longtemps sur une île entre le monde muséal et le cinéma. Il incarne la tension des rapports du cinéma avec les autres arts. Le projet d'exposition inscrivait cette tension en accrochant aux cimaises du musée la donnée ontologique de l'art du film, la reproduction : un film est une copie enregistrée du réel, c'est aussi la copie d'un négatif et il est diffusé grâce à la duplication de copies. À toutes les échelles de l'art cinématographique gît donc le fait reproductif. « Collage(s) de France » était ainsi l'exposition de la reproduction, matériau même du cinéma. La photographie, le report, la vidéo, la photocopie étaient utilisés car la reproduction s'atteste en agrandissant ou en réduisant, le changement de format étant un autre signe patent du fait reproductif. [...] Si l'on désigne souvent l'art moderne et plus particulièrement l'art contemporain des quarante dernières années comme une procédure généralisée de recyclage (Pablo Picasso et ses collages, Marcel Duchamp et ses *ready made*…), Jean-Luc Godard en proposa également une nouvelle et exemplaire démonstration dans ses films par son art généralisé de la citation. [...]

En « exposant » il sera proche d'André Malraux et de son musée imaginaire dont les œuvres d'art rapprochées grâce à la reproduction peuvent être comparées, c'est-à-dire, tout simplement, être *vues*.

Dominique Païni,
7 février 2006

On trouvera l'intégralité de ce texte, sous le titre « D'après JLG… », dans l'ouvrage publié par les éditions du Centre Pompidou à l'occasion de l'événement, et dans l'édition d'avril 2006 des Cahiers du cinéma. *L'exposition elle-même a ouvert ses portes dans la galerie sud du Centre Pompidou, le 26 avril 2006.*

FILMOGRAPHIE

1955

– *Opération béton*. 35 mm, 20 min. Sortie : mai
1955. Tournage : 1954. Acteurs : travailleurs du
Grand Dixence Cam en Suisse. Production :
Actua Film. Détenteur actuel des droits : Actua
Film.

1956

– *Une femme coquette*. 16 mm, 10 min. Sortie :
25 avril 1956. Tournage : 1955. Acteurs : Maria
Lysandre, Roland Tolmatchoff, Jean-Luc
Godard. Production : Jean-Luc Godard.

1957

– *Charlotte et Véronique, ou Tous les garçons
s'appellent Patrick*. 35 mm, 21 min. Sortie : 6 mai
1959. Tournage : août-septembre 1957. Acteurs :
Jean-Claude Brialy, Anne Colette, Nicole Berger.
Production : Les Films de la Pléiade. Producteur :
Pierre Braunberger. Détenteur actuel des droits :
Les Films de la Pléiade.

1958

– *Une histoire d'eau*. 35 mm, 20 min. Sortie :
3 mars 1961. Tournage : hiver 1957-1958. Acteurs :
Jean-Claude Brialy, Caroline Dim, Jean-Luc
Godard. Production : Les Films de la Pléiade.
Producteur : Pierre Braunberger. Détenteur
actuel des droits : Les Films de la Pléiade.
– *Charlotte et son Jules*. 35 mm, 20 min. Sortie :
3 mars 1961. Tournage : 1958. Acteurs : Anne
Colette, Jean-Paul Belmondo, Gérard Blain, voix
de Jean-Paul Belmondo doublée par Jean-Luc
Godard. Production : Les Films de la Pléiade.
Producteur : Pierre Braunberger. Détenteur
actuel des droits : Les Films de la Pléiade.

1960

– *À bout de souffle*. 35 mm, 90 min. Sortie :
16 mars 1960. Tournage : 17 août-30 octobre
1959. Acteurs : Jean Seberg, Jean-Paul
Belmondo, Daniel Boulanger, Henri-Jacques
Huet, Roger Hanin, Van Doude. Production :
Société Nouvelle de Cinématographie,
Productions Georges de Beauregard.
Producteur : Georges de Beauregard. Détenteurs
actuels des droits : StudioCanal Image / Société
Nouvelle de Cinématographie / Ibéria.
– *Le Petit Soldat*. 35 mm, 88 min. Sortie :
25 janvier 1963. Tournage : 4 avril-début mai
1960. Acteurs : Michel Subor, Anna Karina,
Henri-Jacques Huet, Paul Beauvais, Laszlo
Szabo, Georges de Beauregard, Jean-Luc
Godard, Gilbert Edard. Production : Société
Nouvelle de Cinématographie, Rome-Paris
Films. Producteurs : Georges de Beauregard,
Carlo Ponti. Détenteurs actuels des droits :
StudioCanal Image / Société Nouvelle de
Cinématographie.

1961

– *Une femme est une femme*. 35 mm, 84 min.
Sortie : 6 septembre 1961, tournage : novembre
1960-janvier 1961. Anna Karina, Jean-Claude
Brialy, Jean-Paul Belmondo, Marie Dubois,
Marion Sarrault, Nicole Paquin, Jeanne Moreau,
Ernest Menzer, Catherine Demongeot.
Production : Rome-Paris Films. Producteurs :
Georges de Beauregard, Carlo Ponti. Détenteurs
actuels des droits : StudioCanal Image / Unidex.

1962

– *La Paresse*. Sketch dans *Les Sept Péchés
capitaux*. 35 mm, 15 min. Sortie : 7 mars 1962.
Tournage : septembre 1961. Acteurs : Eddie
Constantine, Nicole Mirel. Production : Les Films
Gibé, Franco-London Films, Titanus. Producteur :
Joseph Bergholz. Détenteurs actuels des droits :
StudioCanal Image / Gaumont.
– *Vivre sa vie* : film en douze tableaux. 35 mm,
90 min. Sortie : 20 septembre 1962. Tournage :
février-mars 1962. Anna Karina, Sady Rebbot,
André S. Labarthe, Guylaine Schlumberger,
Gérard Hoffman, Laszlo Szabo, Jean Ferrat.
Production : Les Films de la Pléiade. Producteur :
Pierre Braunberger. Détenteur actuel des droits :
Les Films de la Pléiade.

1963

– *Le Nouveau Monde*. Sketch dans *RoGoPaG*.
35 mm, 20 min. Sortie (en Italie) : 6 mars 1963.
Tournage : novembre 1962. Acteurs : Alexandra
Steawart, Jean-Marc Bory, Jean-André Fieschi,
Michel Delahaye. Production : Arco Film,
Cineriz, Société Lyre Cinématographique.
Producteur : Alfredo Bini. Détenteur actuel des
droits : Visionlight Corporation NV.
– *Les Carabiniers*. 35 mm, 80 min. Sortie : 31 mai
1963. Tournage : décembre 1962-janvier 1963.
Marino Masé, Albert Juross, Geneviève Galéa,
Catherine Ribeiro. Production : Marceau Films,
Cocinor Films, Rome-Paris Films, Laeticia.
Producteurs : Georges de Beauregard, Carlo
Ponti. Détenteurs actuels des droits : StudioCanal
Image / TF1 Internationa.
– *Le Mépris*. 35 mm, 110 min. Sortie :
27 décembre 1963. Tournage : avril-juin et
automne 1963. Acteurs : Brigitte Bardot, Michel
Piccoli, Jack Palance, Fritz Lang, Giorgia Moll,
Jean-Luc Godard, Linda Veras. Production :
Rome-Paris Films, Films Concordia, Compagnia
Cinematografica Champion. Producteurs : Carlo
Ponti, Joseph E. Levine. Producteur associé :
Georges de Beauregard. Détenteurs actuels des
droits : StudioCanal Image / Films Concordia.

1964

– *Le Grand Escroc*. Sketch dans *Les Plus Belles Escroqueries du monde*. 35 mm, 25 min. Sortie : 14 août 1964. Tournage : janvier 1963. Acteurs : Jean Seberg, Charles Denner, Laszlo Szabo, Jean-Luc Godard. Production : Ulysse Productions, Lux-C.C.F., Primex Films, Vidès Cinematografica, Toho / Toawa, Cesar Film Producie. Producteur : Pierre Roustang. Détenteurs actuels des droits : Gaumont / Primex Films / Unitec France.

– *Bande à part*. 35 mm, 95 min. Sortie : 5 août 1964. Tournage : 17 février-17 mars 1964. Acteurs : Anna Karina, Claude Brasseur, Sami Frey, Louisa Colpeyn. Production : Anouchka Films, Orsay Films. Producteur : Jean-Luc Godard. Producteur exécutif : Philippe Dussart. Détenteurs actuels des droits : Gaumont / Columbia Films.

– *Une femme mariée : Suite de fragments d'un film tourné en 1964*. 35 mm, 98 min. Sortie : 4 décembre 1964. Tournage : juin-juillet 1964. Acteurs : Macha Meril, Bernard Noël, Philippe Leroy, Roger Leenhardt. Production : Anouchka Films, Orsay Films. Producteur : Jean-Luc Godard. Producteur exécutif : Philippe Dussart. Détenteurs actuels des droits : Gaumont / Columbia Films.

1965

– *Montparnasse-Levallois*. 16 mm, 18 min. Sortie : 13 octobre 1965. Tournage : décembre 1963-janvier 1964. Acteurs : Johanna Shimkus, Philippe Hiquilly, Serge Davri. Production : Films du Losange. Producteur : Barbet Schroeder. Producteur associé : Patrick Bauchau. Détenteur actuel des droits : Films du Losange.

– *Alphaville : une étrange aventure de Lemmy Caution*. 35 mm, 98 min. Sortie : 5 mai 1965. Tournage : janvier-février 1965. Acteurs : Anna Karina, Eddie Constantine, Akim Tamiroff, Howard Vernon, Laszlo Szabo, Michel Delahaye, Jean-André Fieschi, Jean-Louis Comolli. Production : Chaumiane, Filmstudio. Producteur : André Michelin. Détenteur actuel des droits : StudioCanal Image.

– *Pierrot le fou*. 35 mm, 112 min. Sortie : 5 novembre 1965. Tournage : juin-juillet 1965. Acteurs : Jean-Paul Belmondo, Anna Karina, Georges Staquet, Dirk Sanders. Production : Rome-Paris Films, Société Nouvelle de Cinématographie, Dino de Laurentiis Cinematografica. Producteurs : Georges de Beauregard, Dino de Laurentiis. Détenteur actuel des droits : StudioCanal Image.

1966

– *Masculin / Féminin : 15 faits précis*. 35 mm, 110 min. Sortie : 22 avril 1966. Tournage : 22 novembre-13 décembre 1965. Acteurs : Jean-Pierre Léaud, Chantal Goya, Marlène Jobert, Michel Debord, Catherine-Isabelle Duport, Françoise Hardy, Brigitte Bardot, Antoine Bourseiller. Production : Anouchka Films, Argos Films, Svensk Filmindustrie, Sandrews. Producteur : Anatole Dauman. Producteur exécutif : Philippe Dissart. Détenteurs actuels des droits : Argos Films / Gaumont.

– *Made in USA*. 35 mm, 90 min. Sortie : 21 janvier 1967. Tournage : juillet-août 1966. Acteurs : Anna Karina, Laszlo Szabo, Yves Afonso, Jean-Pierre Léaud, Jean-Claude Bouillon, Kyoko Kosaka, Ernest Menzer. Production : Rome-Paris Films, Anouchka Films, SEPIC. Producteur : Georges de Beauregard. Détenteurs actuels des droits : StudioCanal Image / Gaumont / SEPIC.

1967

– *Deux ou trois choses que je sais d'elle*. 35 mm, 90 min. Sortie : 17 mars 1967. Tournage : 8 août-8 septembre 1966. Acteurs : Marina Vlady, Roger Montsoret, Anny Duperey, Jean Narboni, Raoul Lévy, Christophe et Marie Bourseiller. Production : Anouchka Films, Argos, Les Films du Carosse, Pard Film. Producteurs : Anatole Dauman, François Truffaut. Producteur exécutif : Philippe Dussart. Détenteurs actuels des droits : Argos Films / Gaumont / MK2 / Cinémag.

– *Anticipation (ou L'Amour en l'an deux mille)*. Sketch dans *Le Plus Vieux Métier du monde (ou L'Amour à travers les âges)*. 35 mm, 20 min. Sortie : 21 avril 1967. Tournage : novembre 1966. Acteurs : Jacques Charrier, Anna Karina, Marilu Tolo, Jean-Pierre Léaud, Daniel Bart, Jean-Patrick Lebel. Production : Les Films Gibé, Francoriz, Rialto Films, Rizzoli Films. Producteur : Joseph Bergholz. Détenteurs actuels des droits : StudioCanal Image / Gaumont.

– *La Chinoise*. 35 mm. 90 min. Sortie : 30 août 1967. Tournage : 6 mars-11 avril 1967. Acteurs : Anne Wiazemsky, Jean-Pierre Léaud, Michel Semeniako, Lex de Bruijin, Juliet Berto. Production : Les Productions de la Guéville, Parc Films, Simar Films, Anouchka Films, Athos Films. Producteur exécutif : Philippe Dussart. Détenteurs actuels des droits : Les Productions de la Guéville / Cinémag / Roissy Films / M. Nicolas Lebovici.

– *Caméra-Œil*. Sketch dans *Loin du Vietnam*. 16 mm, 15 min. Sortie : 13 décembre 1967. Tournage : juin 1967. Acteur : Jean-Luc Godard. Production : Groupe Slon, Sofracima. Détenteur actuel des droits : Sofracima.

– *L'Amour*. Sketch dans *La Contestation*. 35 mm, 26 min. Sortie : juin 1969. Tournage : 1967. Acteurs : Christine Giého, Catherine Jourdon, Nino Castelnuovo, Paolo Pozzesi. Production : Castoro Films, Anouchka Films. Producteur : Carlo Lizzani.

– *Week-end*. 35mm, 95 min. Sortie : 29 décembre 1967. Tournage : septembre-octobre 1967. Acteurs : Mireille Darc, Jean Yanne, Jean-Pierre Kalfon, Valérie Lagrange, Jean-Pierre Léaud, Georges Staquet. Films Copernic, Comacico, Lira Films, Ascot Cineraïd. Détenteur actuel des droits : Gaumont.

1968

– *Film-tracts*. 16 mm, 3 min chacun. Sortie : 1968. Tournage : mai-juin 1968.

– *Un film comme les autres*. 16 mm, 100 min. Sortie : 1971. Tournage : juillet ou août 1968. Acteurs : trois étudiants de Nanterre, et deux ouvriers de l'usine Renault de Flins. Production : Anouchka Films. Détenteurs actuels des droits : Gaumont / Les Productions de la Guéville.

– *One A. M. (One American Movie)*. 16 mm, inachevé. Tournage : novembre 1968. Acteurs : Rip Torn, Tom Hayden, LeRoi Jones, Jefferson Airplane, Eldridge Cleaver, Black Panthers, Jean-Luc Godard and Anne Wiazemsky, Richard Leacock, Tom Luddy, Paula Madder, Mary Lampson.

– *One Plus One*. 33 mm, 99 min. Sortie : 7 mai 1969. Tournage : juin-août 1968. Acteurs : Les Rolling Stones, Anne Wiazemsky, Iain Quarrier, Frankie Dymon Jr., Bernard Boston. Production : Cupid Productions. Producteurs : Michael Pearson, Iain Quarrier. Producteur exécutif : Eleni Collard.

– *Le Gai Savoir*. 35 mm, 91 min. Sortie : 28 juin 1969. Tournage : décembre 1967-janvier 1968. Acteurs : Juliet Berto, Jean-Pierre Léaud. Production : ORTF, Anouchka Films, Bavaria Atelier. Détenteur actuel des droits : Gaumont.

1969

– *British Sounds*. 16 mm, 52 min. Tournage : mars 1969. Acteurs : étudiants d'Oxford, étudiants d'Essex, féministes du journal *Black Dwarf*, groupe de travailleurs militants de l'espace Dagenham. Production : Kestrel Productions pour London Weekend Television. Détenteur actuel des droits : Gaumont.

– *Pravda*. 16 mm, 58 min. Tournage : juin 1969. Jean-Pierre Gorin en voix *off*. Production : Grove Press, Centre européen Cinéma Radio Télévision (CERT) pour la télévision allemande. Producteur : Claude Nedjar. Détenteur actuel des droits : Gaumont.

1970

– *Vent d'est*. 16 mm, 100 min. Sortie : 6 mai 1970. Tournage : 16 juin-16 juillet 1969. Acteurs : Gian Maria Volonte, Anne Wiazemsky, Marie Dedieu, Glauber Rocha, José Varela, Jean-Luc Godard. Production : CCC Film Kunst, Polifilm, Anouchka Films. Producteurs : Georges de Beauregard, Gianni Barcelloni, Ettore Rosboch. Directeur de production : Roberto Giussani. Détenteur actuel des droits : Gaumont.

– *Luttes en Italie*. 16 mm, 76 min. Sortie : septembre 1970. Tournage : décembre 1969. Acteurs : Christina Tullio Altan en voix *off*, Anne Wiazemsky, Jérôme Hinstin, Paolo Pozzesi. Production : Cosmoseion pour la radio et la télévision italiennes, Anouchka Films. Producteur : Gianni Barcelloni. Détenteur actuel des droits : Gaumont.

– *Jusqu'à la victoire (Méthode de pensée et travail de la révolution palestinienne)*. 16 mm, non fini. Incorporé plus tard dans *Ici et ailleurs* (1976). Tourné en Palestine entre 1969 et 1970.

1971

– *Vladimir et Rosa*. 16 mm, 103 min. Sortie : avril 1971. Tournage : automne 1970. Acteurs : Jean-Luc Godard, Jean-Pierre Gorin, Anne Wiazemsky, Juliet Berto, Ernest Menzer, Yves Afonso, Larry Martin, Claude Nedjar. Production : Munich Tele-Pool pour la télévision allemande, Grove Press. Producteur : Claude Nedjar. Détenteur actuel des droits : Gaumont.

1972

– *Tout va bien*. 35 mm, 95 min. Sortie : 28 avril 1972. Tournage : janvier-mars 1972. Acteurs : Yves Montand, Jane Fonda, Vittorio Caprioli, Jean Pignol, Pierre Oudry, Elisabeth Chauvin, Anne Wiazemsky, Huguette Miéville, Natalie Simon. Production : Anouchka Films, Vicco Film, Empire Film. Producteur associé : Jean-Pierre Rassam. Détenteur actuel des droits : Gaumont.

– *Letter to Jane : An Investigation about a Still*. 16 mm, 52 min. Sortie : jamais sorti en France ; projeté à Francfort : 6 novembre 1974. Voix *off* en anglais de Jean-Luc Godard et Jean-Pierre Gorin. Production : Jean-Luc Godard, Jean-Pierre Gorin. Détenteur actuel des droits : Gaumont.

1975

– *Numéro deux*. 35 mm, 88 min. Sortie : 24 septembre 1975. Tournage : 17 février-15 mai 1975. Acteurs : Sandrine Battistella, Pierre Oudry, Alexandre Rigault, Rachel Stefanopoli, Marine Martin. Production : Sonimage, Bela, Société Nouvelle de Cinématographie. Producteurs : Georges de Beauregard, Jean-Pierre Rassam. Producteurs associés : Jean-Luc Godard et Anne-Marie Miéville. Détenteur actuel des droits : Gaumont.

1976

– *Ici et ailleurs*. 16 mm, 60 min. Sortie : septembre 1976. Tournage : 1970. Jean-Luc Godard et Anne-Marie Miéville en voix *off*. Production : Sonimage, Institut national de l'audiovisuel, Gaumont. Producteurs : Jean-Pierre Rassam, Anne-Marie Miéville, Jean-Luc Godard. Détenteur actuel des droits : Gaumont.

– *Six fois deux (sur et sous la communication)*. Vidéo, 6 programmes de 100 min, chacun divisé en 2 segments. Sortie : 25 juillet-29 août 1976. Production : Institut national de l'audiovisuel, Sonimage. Producteurs : Michel Raux, Jean-Luc Godard. Détenteurs actuels des droits : Institut national de l'audiovisuel / Gaumont.

1978

– *Comment ça va ?* 16 mm et vidéo, 78 min. Sortie : 26 avril 1978. Tournage : mai 1975-janvier 1976. Acteurs : Michel Marot, Anne-Marie Miéville. Production : Sonimage, Bela, Société Nouvelle de Cinématographie, Institut national de l'audiovisuel. Producteur : Jean-Pierre Rassam. Détenteurs actuels des droits : Gaumont / Société Nouvelle de Cinématographie / Institut national de l'audiovisuel.

1979

– Scénario de *Sauve qui peut (la vie)* : quelques remarques sur la réalisation et la production du film. Vidéo, 20 min. Tournage : 1979. Production : Sonimage, Télévision suisse romande. Détenteur actuel des droits : Gaumont.

– *France / Tour / Détour / Deux Enfants*. 35 mm et vidéo, 12 programmes, chacun 26 min. Sortie : présenté à Antenne 2 en avril 1980. Tournage : 1978. Acteurs : Camille Virolleaud, Arnaud Martin, Betty Berr, Albert Dray, Jean-Luc Godard. Production : Institut national de l'audiovisuel pour Antenne 2, Sonimage. Producteurs : Jean-Luc Godard et Anne-Marie Miéville. Détenteurs actuels des droits : Gaumont / Institut national de l'audiovisuel.

1980

– *Sauve qui peut (la vie)*. 35 mm et vidéo, 87 min. Sortie : octobre 1980. Tournage : automne 1979. Acteurs : Isabelle Huppert, Nathalie Baye, Jacques Dutronc, Roland Amstutz, Anna Baldaccini, Fred Personne, Michel Cassagne, Paule Muret. Production : Sara Films, MK2, Saga Productions, Sonimage, Centre national de la cinématographie, ZDF, SSR, ORF. Producteurs exécutifs : Alain Sarde, Jean-Luc Godard. Producteur associé : Marin Karmitz. Détenteurs actuels des droits : Gaumont / StudioCanal Image.

1981

– Troisième état du scénario du film *Passion* (« Le travail et l'amour : Introduction à un scénario »). Vidéo, 20 min. Tournage : 1981.

1982

– *Lettre à Freddy Buache (à propos d'un court métrage sur la ville de Lausanne)*. Vidéo (ensuite transférée en 38 mm), 11 min. Sortie : mai 1982. Tournage : 1981. Jean-Luc Godard en voix *off* sur des images de Lausanne. Production : Film et Vidéo Production. Détenteur actuel des droits : Gaumont.

– *Passion*. 35 mm, 87 min. Sortie : 26 mai 1982. Tournage : hiver 1981-1982. Isabelle Huppert, Hanna Schygulla, Michel Piccoli, Jerzy Radziwilowicz, Laszlo Szabo, Jean-François Stévenin. Production : Sara Films, Sonimage, Films Antenne 2, Film et Vidéo Production, Suisse. Producteur exécutif : Alain Sarde. Détenteurs actuels des droits : StudioCanal Image / Gaumont / France 2 Cinéma.

– Scénario du film *Passion*. Vidéo, 54 min. Tournage : 1982. Production : JLG Films, Télévision suisse romande. Détenteur actuel des droits : Gaumont.

– *Changer d'image (Changement ou Lettre à ma bien-aimée)*. Vidéo, 10 min. Acteurs : Jacques Probst, Jean-Luc Godard. Production : Sonimage, Institut national de l'audiovisuel.

1983

– *Prénom Carmen*. 35 mm, 85 min. Sortie : 7 décembre 1983. Tournage : janvier-février 1983. Acteurs : Maruschka Detmers, Jacques Bonaffé, Myriem Roussel, Jean-Luc Godard, Hyppolite Girardot, Pierre-Alain Chapuis. Production : Sara Films, JLG Films, Antenne 2 Films. Producteur associé : Alain Sarde. Détenteurs actuels des droits : StudioCanal Image / Gaumont / France 2 Cinéma.

– Petites notes à propos du film *Je vous salue, Marie*. Vidéo, 25 min. Acteurs : Jean-Luc Godard, Myriem Roussel, Thierry Rode, Anne-Marie Miéville. Détenteur actuel des droits : Gaumont.

1985

– *Je vous salue, Marie*. 35 mm, 72 min. Sortie : janvier 1985. Tournage : début janvier-mi-février 1984. Acteurs : Myriem Roussel, Thierry Rode, Philippe Lacoste, Juliette Binoche, Johann Meyssen, Anne Gauthier, Malachi Jara Kohan. Production : Pégase Films, Radio Télévision suisse romande, JLG Films, Sara Films, Gaumont. Détenteur actuel des droits : Gaumont.

– *Détective*. 35 mm, 95 min. Sortie : mai 1985. Tournage : mi-août-20 septembre 1984. Nathalie

Baye, Claude Brasseur, Johnny Hallyday, Stéphane Ferrara, Eugène Berthier, Emmanuelle Seigner, Julie Delpy, Jean-Pierre Léaud. Production : Sara Films, JLG Films. Producteurs : Alain Sarde, Jean-Luc Godard. Détenteurs actuels des droits : StudioCanal Image / Gaumont.
– *Soft and Hard (A Soft Conversation between Two Friends on a Hard Subject)*. Vidéo, 52 min. Acteurs : Jean-Luc Godard, Anne-Marie Miéville. Production : Deptford Beach Production in association with Channel 4, JLG Films. Producteur : Tony Kirkhope. Détenteur actuel des droits : Gaumont.

1986

Grandeur et décadence d'un petit commerce du cinéma. Vidéo et 35 mm, 52 min. Tournage : 1986. Acteurs : Jean-Pierre Mocky, Marie Vatéra, Jean-Pierre Léaud, Jean-Luc Godard, Anne Carrel. Production : TF1, Hamster Production, Radio Télévision Lausanne, Télévision suisse romande, JLG Films, RTL. Détenteurs actuels des droits : Gaumont / Hamster.
– *Meeting Woody Allen / JLG Meets Woody Allen*. Vidéo, 26 min. Production : JLG Films, Festival du Film de Cannes. Détenteur actuel des droits : Gaumont.

1987

– *Armide*. Sketch dans *Aria*. 35 mm, 12 min. Sortie : présenté en mai 1987. Acteurs : Marion Peterson, Valérie Alain, Jacques Neuville, Luke Corre, Christian Cauchon. Production : RVP Production, Virgin Vision, Lightyear Entertainment. Producteur : Don Boyd.
– *Soigne ta droite*. 35 mm, 82 min. Sortie : décembre 1987. Tournage : 1986. Les Rita Mitsouko, Jean-Luc Godard, Jacque Villeret, Jane Birkin, François Périer, Michel Galabru, Jacques Rufus, Pauline Lafont, Eva Darlan. Production : Gaumont, JLG Films, Xanadu Films, Radio Télévision suisse romande. Producteur : Ruth Waldburger. Détenteur actuel des droits : Gaumont.
– *King Lear*. 35 mm, 90 min. Sortie : mars 2002. Tournage : début août 1986. Acteurs : Norman Mailer, Burgess Merdith, Peter Sellars, Molly Ringwald, Jean-Luc Godard, Freddy Buache, Léos Carax, Julie Delpy. Production : Cannon Group. Producteurs : Menahem Golan, Yoram Globus. Producteur associé : Tom Luddy. Producteur exécutif : Jean-Luc Godard. Détenteur actuel des droits : Cannon Films.

1988

– Publicités pour Girbaud. Production : Marithé et François Girbaud.
– *On s'est tous défilé*. Vidéo, 13 min. Production : Marithé et François Girbaud.

– *Puissance de la parole*. Vidéo, 25 min. Acteurs : Jean Bouise, Laurence Côte, Lydia Andréi, Jean-Michel Iribarren. Production : France Télécom, JLG Films. Détenteur actuel des droits : France Télécom.
– *Le Dernier mot / Les Français entendus par*. Sketch dans *Les Français vus par*. Vidéo, 13 min. Acteurs : André Mardon, Hanns Zischler, Catherine Aymrie, Pierre Amoyal. Production : Erato Films. Producteur exécutif : Daniel Toscan du Plantier. Productrice : Anne-Marie Miéville.

1989

– *Le Rapport Darty*. Vidéo, 50 min. Voix d'Anne-Marie Miéville et de Jean-Luc Godard. Production : JLG Films. Détenteur actuel des droits : Darty.

1990

– *Nouvelle Vague*. 35 mm, 89 min. Sortie : 23 mai 1990. Tournage : 1er septembre-1er novembre 1989. Acteurs : Alain Delon, Dominiziana Giordano, Roland Amstutz, Laurence Côte. Production : Sara Films, Canal Plus, Périphéria, Films Antenne 2, Centre national de la cinématographie, Sofica, Vega Films, Télévision suisse romande. Producteur : Alain Sarde. Producteur associé : Ruth Waldburger. Détenteurs actuels des droits : Gaumont / France 2 Cinéma.
– *L'Enfance de l'art*. Sketch dans *Comment vont les enfants ?* 35 mm, 8 min. Acteurs : Antoine Reves, Nathalie Kadem, Michel Benpoil, Denis Vallas, Nikolas Sukic. Production : C9 Communication, Vega Films pour UNICEF. Producteur exécutif : Jean-Luc Godard.

1991

– *Lettre à Thomas Wainggari (Indonésie)*. Sketch télévisé pour le programme *Contre l'oubli*. Vidéo, 3 min. Sortie sur Canal Plus le 10 décembre 1991 et au cinéma le 11 décembre 1991. Production : Amnesty International.
– *Allemagne neuf zéro : solitudes, un état et des variations*. 35 mm et vidéo, 62 min. Sortie : Antenne 2 le 4 novembre 1991. Acteurs : Eddie Constantine, Hanns Zischler, Claudia Michelsen, André S. Labarthe, Nathalie Kadem, Robert Wittmers. Production : Antenne 2, Brainstorm Productions. Productrice exécutive : Nicole Ruelle. Détenteurs actuels des droits : Prainstorm Prod. / France 2 Cinéma.

1993

– *Les enfants jouent à la Russie*. Vidéo, 60 min. Acteurs : Laszlo Szabo, Jean-Luc Godard, Aude Amiot, Bernard Eisenschitz, André S. Labarthe. Production : Cecco Films en collaboration avec la Radio et la Télévision russe, Vega Films, JLG Films. Producteurs, Alessandro Cecconi,

RuthWaldburger. Producteurs exécutifs : Giuseppe Cecconi, Alessandro Cecconi.

– *Hélas pour moi*. 35 mm, 84 min. Sortie : août 1993. Tournage : été 1992. Acteurs : Gérard Depardieu, Laurence Masliah, Bernard Verley, Jean-Louis Loca. Production : Les Films Alain Sarde, Vega Films, Périphéria, Télévision suisse romande. Producteur : Alain Sarde. Producteur associé : Ruth Waldburger. Détenteur actuel des droits : StudioCanal Image.

1994

– *Je vous salue, Sarajevo*. Vidéo.

1995

– *JLG/JLG, autoportrait de décembre*. 35 mm, 62 min. Sortie : 8 mars 1995. Acteurs : Jean-Luc Godard, Geneviève Pasquier, Denis Jadot, Brigitte Bastien, Elizabeth Kaza, André S. Labarthe. Production : Périphéria, Gaumont, JLG Films. Détenteur actuel des droits : Gaumont.

– *Deux Fois cinquante ans de cinéma français*. Vidéo, 50 min. Acteurs : Jean-Luc Godard, Michel Piccoli, Cécile Reigher, Estelle Grynspan. Production : British Film Institute, Périphéria. Producteurs exécutifs : Colin McCabe et Bob Last.

1996

Plus Oh. Musique vidéo pour France Gall. Sortie : présenté sur M6, 20 avril 1996.

– *For ever Mozart*. 35 mm, 84 min. Sortie : 1996. Tournage : août 1995. Madeleine Assas, Ghalya Lacroix, Bérengère Allaux, Vicky Messica, Frédéric Pierrot. Production : Avventura Films, Périphéria, Centre européen cinématographique Rhône-Alpes, France 2 Cinéma, Canal Plus, Centre national de la cinématographie, Vega Films, Télévision suisse romande, Eurimages, DF1, ECM Records. Producteur : Alain Sarde. Producteur associé : Ruth Waldburger. Détenteurs actuels des droits : Gaumont / Avventura / CEC / France 2 Cinéma.

1998

Histoire(s) du cinéma 1A : Toutes les histoires. Vidéo, 52 min. Détenteur actuel des droits : Gaumont.

– *Histoire(s) du cinéma 1B : Une histoire seule*. Vidéo, 42 min. Production : Gaumont, JLG Films, F Production. Détenteur actuel des droits : Gaumont.

– *Histoire(s) du cinéma 2A : Seul le cinéma*. Vidéo, 26 min. Acteurs : Jean-Luc Godard, Serge Daney, Julie Delpy. Production : Périphéria, Gaumont. Détenteur actuel des droits : Gaumont.

– *Histoire(s) du cinéma 2B : Fatale Beauté*. Vidéo, 28 min. Actrice : Sabine Azéma. Production :

Périphéria, Gaumont. Détenteur actuel des droits : Gaumont.

– *Histoire(s) du cinéma 3A : La Monnaie de l'absolu*. Vidéo, 26 min. Acteur : Alain Cuny. Production : Périphéria, Gaumont. Détenteur actuel des droits : Gaumont.

– *Histoire(s) du cinéma 3B : Une vague nouvelle*. Vidéo, 27 min. Production : Périphéria, Gaumont. Détenteur actuel des droits : Gaumont.

– *Histoire(s) du cinéma 4A : Le Contrôle de l'univers*. Vidéo, 27 min. Acteur : Alain Cuny. Production : Périphéria, Gaumont. Détenteur actuel des droits : Gaumont.

– *Histoire(s) du cinéma 4B : Les Signes parmi nous*. Vidéo, 34 min. Production : Périphéria, Gaumont. Détenteur actuel des droits : Gaumont.

1999

– *The Old Place : Small Notes Regarding the Arts at Fall of 20th Century*. Vidéo, 49 min. Sortie : janvier 1999. Jean-Luc Godard et Anne-Marie Miéville en voix *off*. Production : The Museum of Modern Art, New York, Périphéria. Producteurs exécutifs : Mary Lea Bandy et Colin McCabe.

2000

– *Après la réconciliation*. 35 mm, 74 min. Sortie : 27 décembre 2000. Claude Perron, Anne-Marie Miéville, Jacques Spiesser, Jean-Luc Godard. Production : Avventura Films, Périphéria, Vega Films, Télévision suisse romande. Producteur : Ruth Waldburger.

– *L'Origine du XXe siècle : à la recherche du siècle perdu*. Vidéo, 17 min. Production : Vega Films, Canal Plus.

2001

– *Éloge de l'amour*. 35 mm et vidéo, 90 min. Sortie : 19 mai 2001. Tournage : janvier 2000. Bruno Putzulu, Cécile Camp, Jean Davy, Françoise Verny, Philippe Loyrette, Audrey Klebaner, Jérémy Lippmann, Claude Baignières, Rémo Forlani. Production : Périphéria, Télévision suisse romande, Arte France Cinéma, Avventura Films, Vega Films, Canal Plus. Producteur : Alain Sarde. Producteur associé : Ruth Waldburger.

2002

– *Dans le noir du temps*. Sketch dans *Ten Min Older : The Cello*. Sortie : présenté le 28 août 2002. Producteurs : Ulrich Felsberg, Nicolas McClintock, Nigel Thomas.

– *Liberté et patrie*. Court métrage.

2004

– *Notre musique*. 80 min. Acteurs : Sarah Adler, Nade Dieu, Rony Kramer, Simon Eine, Jean-Christophe Bouvet, Ferlyn Brass, Jean-Luc Godard. Production : Alain Sarde, Ruth Waldburger.

BIBLIOGRAPHIE

Textes de Jean-Luc Godard

– *Jean-Luc Godard par Jean-Luc Godard*, Cahiers du cinéma, tome I, 1950-1984 ; tome II, 1984-1998.
– *Introduction à une véritable histoire du cinéma*, Albatros, Paris, 1980.
– *Histoire(s) du cinéma*, Gallimard-Gaumont, quatre vol. (coffret), Paris, 1998 ; 2e éd. 1 vol., 2006.
– *JLG / JLG*, POL, Paris, 1996.
– *For ever Mozart*, POL, Paris, 1996.
– *Allemagne neuf zéro*, POL, Paris, 1998.
– *Les enfants jouent à la Russie*, POL, Paris, 1998.
– *2 x 50 ans de cinéma français*, POL, Paris, 1998.

Essais

– Aumont, Jacques, *Amnésies, Fictions du cinéma d'après Jean-Luc Godard*, POL, Paris, 1999.
– Bergala, Alain, *Nul mieux que Godard*, Cahiers du cinéma, Paris, 1999.
– *Cahiers du Cinéma*, « Spécial Godard », Paris, novembre 1990.
– Cerisuelo, Marc, *Jean-Luc Godard*, Lherminier-Éditions des Quatre-Vents, collection Spectacle / poche, Paris, 1989.
– Esquenazi, Jean-Pierre, *Godard et la société française des années 1960*, Armand Colin, Paris, collection Ciné, 2004.
– *La Nouvelle Vague*, textes et entretiens réunis par Antoine de Baecque et Charles Tesson, Cahiers du cinéma, collection Petite bibliothèque des Cahiers du cinéma, Paris, 1999.
– MacCabe, Colin, *Godard: A Portrait of the Artist at Seventy*, Bloomsbury, Londres, 2003.
– Marie, Michel, *« À bout de souffle » de Jean-Luc Godard : étude critique*, Nathan, collection Synopsis, Paris, 1999.
– Marie, Michel, *« Le Mépris » de Jean-Luc Godard : étude critique*, Paris, 1998 ; 2e éd. Nathan, collection Synopsis, Paris, 2005.
– Temple, Michael, Williams, James S., Witt, Michael, *For Ever Godard*, Black Dog Publishing, Londres, 2004.

Site internet

Cinema=Jean-Luc Godard=Cinema
http://www.geocities.com/Hollywood/Cinema/4355/

TABLE DES CITATIONS

critique de film, débat avec Pauline Kael»,
Camera Oscura, n°s 8, 9, 10, mai 1981.

• p. 70 [légende] : «Lutter sur deux fronts»,
op. cit.

• p. 72 [légende] : «Grâce à Henri Langlois…»,
texte prononcé à la Cinémathèque française à
l'occasion de la rétrospective Louis Lumière en
janvier 1966.

• p. 73 [légende] : «Lutter sur deux fronts»,
op. cit.

• p. 75 [légende] : «L'art à partir de la vie», *op. cit.*

• p. 76 [légende] : «Deux heures avec Jean-Luc
Godard», *Tribune Socialiste*, 23 janvier 1969.

• pp. 78 [corps du texte] et 79 et 81 [légendes] :
«Le groupe "Dziga Vertov"», *Cinéma 70*, n° 151,
décembre 1970.

• pp. 83 [corps du texte] et 84 [légende] : «L'art à
partir de la vie», *op. cit.*

• p. 87 [légende] : «Une boucle bouclée», *op. cit.*

• pp. 88 [corps du texte], 89 [légende] et 90 et 91
[corps du texte] : «L'art à partir de la vie», *op. cit.*

• pp. 91 et 92 [légendes] : «Se vivre, se voir»,
Le Monde, 30 mars 1980.

• p. 93 [corps du texte et légende] : «Faire les
films possibles là où on est», *Le Monde*,
25 septembre 1975.

• p. 95 [corps du texte] : «Propos rompus»,
Cahiers du cinéma, n° 316, octobre 1980.

• p. 97 [légende] : «L'art à partir de la vie», *op. cit.*

• p. 98 [corps du texte] : «Le chemin vers la
parole», *Cahiers du cinéma*, n° 336, mai 1982.

• p. 100 [légende] : «La star, c'est le film»,
Le Nouvel Observateur, décembre 1983.

• pp. 101 et 103 [légendes] : «Genèse d'une
caméra», *Les Cahiers du cinéma*, n° 348-349, juin
juillet 1983.

• p. 107 [légende] : «Dans Marie, il y a aimer»,
L'Autre Journal, n° 2, janvier 1985.

• p. 108 [légende] : «Ces chaînes qu'on abat»,
Le Monde de l'éducation, septembre 1997.

• p. 109 [légende] : «Une boucle bouclée», *op.
cit.*

• p. 113 [légende] : «L'art de (dé)montrer»,
Cahiers du cinéma, n° 408, janvier 1988.

• pp. 114, 115 [corps du texte] et 116 [légende] :
«Nouvelle Vague», Genèse, in *op. cit.*, tome II.

• p. 118 [corps du texte et légende] : «La loi de la
gravitation», *Cahiers du cinéma*, n° 472, octobre
1993.

• p. 120 [légende] : «Le cinéma est fait pour
penser l'impensable», *Limelight*, n° 34, janvier
1995.

• p. 123 [légende] : «J'ai toujours pensé que
le cinéma était un instrument de pensée»,
conférence de presse conjointe avec Youssef
Chahine, 15 février 1995.

• p. 124 [légende] : «Ces chaînes qu'on abat»,
op. cit.

• p. 125 [légende] : *Éloge de l'amour, 4e scénario*,
in tome II.

• pp. 126 et 127 [légendes] : interview de Godard
à *Aden / Le Monde*, mai 2004.

Cineraïd.

72g Claude Chabrol et Jean-Luc Godard à la manifestation contre le limogeage d'Henri Langlois, directeur de la Cinémathèque française, 18 février 1968.

72d Bulletin d'adhésion au Comité de défense de la Cinémathèque française, publié dans les *Cahiers du cinéma*, avril-mai 1968.

73 Jean-Luc Godard à Cannes lors du « sabordage » du Festival, en 1968.

74h Jean-Luc Godard filmant les événements de Mai 68 à Paris.

74b Jean-Luc Godard arrêté en mai 1968.

75 Godard à l'imprimerie de la *Cause du Peuple* en mai 1968.

76 Anne Wiazemsky dans *One Plus One*, 1968. Cupid Productions.

77h Image de *One Plus One*, 1968. Cupid Productions.

77b Mick Jagger dans *One Plus One*, 1968. Cupid Productions.

78 Image de *British Sounds*, 1969, photogramme. Kestrel Productions for London Weekend Television.

79 Godard et Jean-Pierre Gorin au travail, photogramme.

80 Jean-Luc Godard et Daniel Cohn-Bendit sur le tournage de *Vent d'est*, 1970. CCC Film Kunst / Polifilm / Anouchka Films.

81 Images de *Vent d'est*, 1970, photogrammes. CCC Film Kunst /

Polifilm / Anouchka Films.

82h à **m** Images de *Luttes en Italie*, 1970, réalisation Groupe Dziga Vertov. Cosmoseion pour la radio et la télévision italiennes / Anouchka Films.

82b Images de *Ici et ailleurs*, 1976, photogrammes. Sonimage / Institut national de l'audiovisuel / Gaumont.

83 Jean-Luc Godard et Jean-Pierre Gorin en Palestine sur le tournage de *Jusqu'à la victoire*, 1970, réalisation Groupe Dziga Vertov.

84-85h Images de *Tout va bien*, 1972, réalisation Jean-Luc Godard et Jean-Pierre Gorin, photogrammes. Anouchka Films / Vicco Films / Empire Films.

85b Scène de *Tout va bien*, 1972, réalisation Jean-Luc Godard et Jean-Pierre Gorin, Anouchka Films / Vicco Films / Empire Films.

CHAPITRE 4

86 Godard à la télévision à Canal + et en entretien avec Marguerite Duras, photogrammes.

87 Image de *Nouvelle Vague*, 1990, photogramme. Sara Films / Canal Plus / Périphéria / Films Antenne 2 / CNC / Sofica / Vega Films / Télévision suisse romande.

88-89 Anne-Marie Miéville et Godard sur le tournage de *Sauve*

qui peut (la vie) en 1979.

90 Images de *Ici et ailleurs*, 1976, photogrammes. Sonimage / Institut national de l'audiovisuel / Gaumont.

91g Papier à en tête de Sonimage, société de production de Jean-Luc Godard et Anne-Marie Miéville.

91d Intertitre de *Ici et ailleurs*, 1976. Sonimage / Institut national de l'audiovisuel / Gaumont.

92 Sandrine Battistella et Pierre Oudry dans *Numéro deux*, 1975. Sonimage / Bela / Société Nouvelle de Cinématographie. Coll. Bifi.

93 Michel Marot (?) dans *Comment ça va ?*, 1978, réalisation Jean-Luc Godard et Anne-Marie Miéville. Sonimage / Bela / Société Nouvelle de Cinématographie / Institut national de l'audiovisuel.

94 Images de *Six Fois deux (sur et sous la communication)*, 1976, réalisation Jean-Luc Godard et Anne-Marie Miéville, photogrammes. Institut national de l'audiovisuel / Sonimage.

94-95b Images de *France / Tour / Détour / Deux Enfants*, 1978, réalisation Jean-Luc Godard et Anne-Marie Miéville, photogrammes. Institut national de l'audiovisuel pour Antenne 2/ Sonimage.

96 Jacques Dutronc

dans *Sauve qui peut (la vie)*, 1980. Sara Films / MK2 / Saga Productions / Sonimage / CNC / ZDF / SSR / ORF.

97 Affiche de *Sauve qui peut (la vie)*, 1979. Sara Films / MK2 / Saga Productions / Sonimage / CNC / ZDF / SSR / ORF / producteurs Alain Sarde et Jean-Luc Godard.

98 Hanna Schygulla dans *Passion*, 1982. Sara Films / Sonimage / Films Antenne 2 / Film et Vidéo Production, Suisse.

98-99 Titre d'article du *Matin*, 24 mai 1982.

99 Scène de *Passion*, 1982. Sara Films / Sonimage / Films Antenne 2 / Film et Vidéo Production, Suisse.

100 Myriem Roussel dans *Prénom Carmen*, 1983. Sara Films / JLG Films / Antenne 2 Films. Coll. Bifi.

100b Une de *l'Humanité*, 12 septembre 1983.

101 Myriem Roussel dans *Je vous salue, Marie*, 1985. Pégase Films / Radio Télévision suisse romande / JLG Films / Sara Films / Gaumont.

102-103 Maruschka Detmers et Jacques Bonaffé dans *Prénom Carmen*, 1983. Sara Films / JLG Films / Antenne 2 Films. Coll. Bifi.

103 Images de *Prénom Carmen*, 1983, photogrammes. Sara Films / JLG Films / Antenne 2 Films.

104-105 Scène de *Je*

TÉMOIGNAGES ET DOCUMENTS

INDEX

A

INDEX DES FILMS DE GODARD

CRÉDITS PHOTOGRAPHIQUES

Argos Films / Gaumont 60, 61d. Argos Films / Gaumont / MK2 / Cinémag 59, 62m, 62b. Georges de Beauregard / Société Nouvelle de Cinématographie 33. Collection Cahiers du cinéma 13, 17, 19b, 24-25h, 54, 88-89. Matériel Cahiers du cinéma / Gaumont 82h-m. Canal Plus International / Gaumont / France 2 Cinéma 6-7h, 100, 102-103, 103. Christophe L 97, 119. Christophe L / Cannon Films 110. Christophe L / Cupid Productions 76, 77h, 77b. Christophe L / Les Productions de la Guéville / Cinémag / Roissy Films / M. Nicolas Lebovici 4-5b, 68-69h. Christophe L / StudioCanal Image / Unidex. 34. Matériel Christophe L / Gaumont 70-71b, 105hd, 105bd, 112b. Matériel Christophe L / Gaumont / StudioCanal Image 96. Matériel Christophe L / StudioCanal Image / Gaumont / France 2 Cinéma 99. Comité du film ethnographique 19. DR 12, 16, 27h, 48-49, 66, 67,79, 83, 86, 91g, 111. Corbis / Toni Franck 106. Matériel Corbis / Gaumont / France 2 Cinéma 116-117. Matériel Corbis / StudioCanal Image / Gaumont 107. Les Films du Losange 127. Les Films de la Pléiade 1, 20h, 20b, 36-37. Gallimard / Gaumont 109h, 139. Gamma / Gérard Leroux 74h, 74b. Gaumont 15, 71h, 78, 81, 82b, 84-85h, 85b, 90, 91d, 92, 94, 94-95b, 101, 108-109h, 112-113, 121h, 122-123. Gaumont / Avventura / CEC / France 2 Cinéma 14, 120, 121b. Gaumont / Columbia Films 44-45bm, 46h, 47. Gaumont / France 2 Cinéma 87, 114, 115h, 115b. Keystone 57b, 72g. The Kobal Collection / StudioCanal Image / SNC 32b. Magnum Photos / Bruno Barbey 58-59. Magnum Photos / Jean Gaumy 126. La Maison de la Pub / DR 35h. Paris-Match / Scoop 11, 21, 35m, 73, 129. Périphéria / Télévision suisse romande / Arte France Cinéma / Avventura Films / Vega Films / Canal Plus 8-9h, 124-125. Georges Pierre 1er plat, 22, 51, 128. Georges Pierre / StudioCanal Image 53. Les Productions de la Guéville / Cinémag / Roissy Films / M. Nicolas Lebovici 2e plat, 4-5h, 55, 68-69b. Rapho / Ghislain Dussart 40h. Rapho / Studio Ethel 75. StudioCanal Image 2-3h, 48b, 49b, 50, 118. StudioCanal Image / Films Concordia 40b, 42-43. StudioCanal Image / SNC / Ibéria 26, 27. StudioCanal Image / TF1 International 38, 39. Rue des Archives 56. Rue des Archives / Argos Films / Gaumont 61. Rue des Archives / Raymond Cauchetier 24b, 30, 31. Rue des Archives / Raymond Cauchetier / StudioCanal Image / SNC / Ibéria 28-29. Rue des Archives / Georges Pierre / StudioCanal Image Dos de couv., 2-3b. Rue des Archives / StudioCanal Image / Films Concordia 41. Rue des Archives / StudioCanal Image / SNC 32h. Matériel Rue des Archives / Gaumont 80. Sara Films / Sonimage / Films Antenne 2 / Film et Vidéo Production, Switzerland 5-6h. Sofracima 57h. TCD 23, 65. TCD / Périphéria / Télévision suisse romande / Arte France Cinéma / Avventura Films / Vega Films / Canal Plus 8-9b. TCD / StudioCanal Image 52. Matériel TCD / Argos Films / Gaumont / MK2 / Cinémag 62-63. Matériel TCD / Canal Plus International / Gaumont / France 2 Cinéma 6-7b, 98. Matériel TCD / Gaumont 104-105. Matériel TCD / StudioCanal Image / Gaumont / SEPIC 64. Agnès Varda 35b. Vu / Richard Dumas 143. Warner Bros Pictures 18.

REMERCIEMENTS

L'auteur tient à remercier William Chamay pour son apport intellectuel et son soutien moral, ainsi que Jacques Aumont, pour sa généreuse lecture critique. Et bien sûr Dominique Païni, pour toutes les raisons du monde. Sans oublier Fanny, Irène et Stéphanie, qui l'ont aidé, lu et relu. Et Julie, qui l'a supporté plus qu'il ne l'a supportée. Les Éditions Gallimard remercient tout particulièrement Martine Offroy, présidente de Gaumont Pathé Archives, Corinne Faugeron, conservatrice du musée Gaumont, Gilles Venhard, directeur du Catalogue Gaumont, Michel Ciment, Catherine Frochen des *Cahiers du cinéma*, les documentalistes de la Bibliothèque du film, Laurie Gossein, ainsi que les Éditions du Centre Pompidou, et particulièrement Annie Pérez, Matthias Battestini et Benoît Collier.

ÉDITION ET FABRICATION

DÉCOUVERTES GALLIMARD
COLLECTION CONÇUE PAR Pierre Marchand. DIRECTION Élisabeth de Farcy.
COORDINATION ÉDITORIALE Anne Lemaire. GRAPHISME Alain Gouessant.
COORDINATION ICONOGRAPHIQUE Isabelle de Latour.
SUIVI DE PRODUCTION Fabienne Brifault. SUIVI DE PARTENARIAT Madeleine Giai-Levra.
RESPONSABLE COMMUNICATION ET PRESSE Valérie Tolstoï.
PRESSE David Ducreux et Alain Deroudilhe.

GODARD (LE CINÉMA)
ÉDITION Caroline Larroche. ICONOGRAPHIE Anne Soto. MAQUETTE Vincent Lever.
LECTURE-CORRECTION Pierre Granet. PHOTOGRAVURE La Station graphique.

*François Nemer a été co-commissaire, aux côtés de Dominique Païni,
de l'exposition « Jean Cocteau, sur le fil du siècle », présentée à l'automne 2003
au Centre Pompidou, et commissaire de l'exposition « Fassbinder »,
également présentée au Centre Pompidou, en avril 2005,
dans le cadre de la rétrospective intégrale de ses films.
Il assure les cours d'histoire du cinéma à l'École du Louvre.
Il est l'auteur de l'ouvrage Cocteau sur le fil (Découvertes Gallimard, 2003).*

À Florence.

Cet ouvrage a été réalisé avec le concours des Éditions du Centre Pompidou
à l'occasion de l'exposition « Voyage(s) en utopie, Jean-Luc Godard, 1946-2006 »
présentée au Centre Pompidou du 26 avril au 14 août 2006.

*Dépôt légal : avril 2006
Numéro d'édition : 135202
ISBN Gallimard : 2-07-030780-8*

Imprimé en France par IME